U0802144

大学英语实用教学研究

DAXUE YINGYU SHIYONG JIAOXUE YANJIU

周晓娴　著

湖南师范大学出版社

图书在版编目（CIP）数据

大学英语实用教学研究 / 周晓娴著 . -- 长沙 : 湖南师范大学出版社 , 2018.5

ISBN 978-7-5648-3112-7

Ⅰ . ①大…　Ⅱ . ①周…　Ⅲ . ①英语—教学研究—高等学校　Ⅳ . ① H319.3

中国版本图书馆 CIP 数据核字（2018）第 016763 号

DAXUE YINGYU SHIYONG JIAOXUE YANJIU

大学英语实用教学研究

◇周晓娴　著

◇责任编辑：曹大成　邓　杰

◇责任校对：李泽军

◇出版发行：湖南师范大学出版社

地址 / 长沙市岳麓山　邮编 /410081

电话 /0731-88873071　88873070　传真 /0731-88872636

网址 /http://press. hunnu. edu. cn

◇印刷：廊坊市广阳区九洲印刷厂

◇开本：710mm × 1000mm　1/16

◇印张：12.5

◇字数：207 千字

◇版次：2018 年 5 月第 1 版　2021 年 4 月第 2 次印刷

◇书号：ISBN 978-7-5648-3112-7

◇定价：56.50 元

前　言

步入21世纪以来，我国与世界的交流越发频繁，各种国际会议、国际贸易、国际展销会、高技术交流、外宾接待、旅游讲解等都需要各类人员熟练地运用英语，以便能够更好地工作和提供服务。现代应用型人才的培养就是培养面向生产、服务、管理等行业的专业性实用人才，这不仅需要现代高校强化学生的专业能力和理论知识，还要培养学生纯熟的英语运用能力。因此，现代高校要在英语教学上不断改革创新，寻找有效的方法，培养出符合社会需求的复合型人才。

随着经济的发展和技术的进步，英语教学也在悄然发生着变化。这要求我们在新形势的指引下，依托新的教学环境，应用新的教学方法，设计新的教学模式，开发新的教学资源，实施新的教学过程。同时教学环境和教学条件的变化，对教师和学生也提出了新的要求，尤其是互联网的逐渐普及，使得当前英语教学的形式更加灵活，英语学习的途径也因互联网变得更加丰富。本书的编写旨在帮助各类和各层次的英语教师和学生，如何在教学实践中根据现代社会对实用型英语人才的要求和不断变化的教学环境，采用合理的教学与学习手段，保证英语教学的有效性。

本书共分为七章，系统地阐述了当前英语实用教学的相关内容，第一章为高校英语教学面临的现实困境，包括高校学生英语学习中存在的问题和阻碍。第二章为英语词汇教学活动研究，包括词汇教学的内容、呈现和运用等。第三章为英语听力教学活动研究，包括听力材料的来源与听力任务以及听力技能分析。第四章为英语发音教学活动研究，包括元音与辅音、单词与句子发音等教学研究。第五章为英语教学模式研究，包括趣动展教学模式、直呼式语音教学模式、简笔画情景教学模式、二十四字整体教学模式等内容。第六章为游戏、课堂与教学，从聆听、课堂设计与掌控三个层面进行了研究。第七章为互联网环境下的英语教学的新变化，包括 MOOC 教学平台，图书馆期刊发布系统以及移动学习等内容。

本书在写作过程中，借鉴了国内外很多相关的研究成果及期刊、著作、论文等，在此对有关的学者、作者表示诚挚的感谢。而互联网技术发展迅猛，教育方法也在不断更新，因此本书对英语教育方法创新的研究可能会有不足之处，恳请广大读者积极给予指正，以便使本书不断完善。

作　者

2017 年 9 月

目　录

第一章

高校英语教学面临的现实困境

第一节　高校学生英语学习中的问题

本节主要就英语学习的心理类型、语言和言语的区别、语言技能和语言习惯以及影响英语学习的因素进行深入研究。

一、英语学习的心理类型

别利雅也夫认为，人们在学习外语知识时，普遍存在理性与逻辑型、直觉与感觉型两种基本心理类型。

理性与逻辑型的人在学习外语时，常常需要学习其理论性的语言和知识，认为要想学好外语，必须有理论性的知识做指导。他们学习语言慢而吃力，需要在学校内学习好几年，很少用外语思考，在运用语言时，既需要对课文进行语法分析，又要将其译成母语。他们通过翻译来解释新词语、习语的意思，而且为了记住它们，认真分析和多次重复，运用外语时，总是有意识地把母语转换为外语。这种类型的人以对语言知识的有意推理运用为特征，不能用外语自由地思考。

直觉与感觉型的人主要通过实践来学习外语，认为理论知识对于学习外语并不起决定作用。他们能快速学习外语，觉得深入分析课文的语法或将其翻译成母语，是没有必要的。在语言运用时，他们仅仅用猜测的方式，就能准确掌握新词的意思，几乎集中全部精力于内容的意义上。这种类型的人能完全随心所欲地用外语思考，外语与思想是直接相关联的。

实际上，学习者的性格因素与英语学习有关系。为了提高英语教学效果，英语教师需要在把握学生性格特点的前提下，帮助其调整学习心态、养成良好的学习习惯。例如，加强内向型学习者自身的心理健康训练，而且要从简单的学习内容入手，制订循序渐进的学习教学计划，培养其对课程学习的兴趣；帮助外向型学习者养成深思好学的习惯，引导他们在遇到困难时，多问几个为什么，出现错误要能及时改正。

二、语言和言语的区别

关于语言和言语的区别，主要有以下几种观点。

（一）第一种观点

贾冠杰认为，在心理学中，与语言教学有重要关系的是语言与言语的内在关系问题。

心理学家认为，语言和言语不同。语言是交际的工具，而言语是用语言作为工具进行交际活动的过程，是一种社会现象，是表情达意的符号系统，是指某民族的交际系统。

心理学家主要对人们的言语行为感兴趣。也就是说，在心理方面，他们对个体怎样运用语言这个问题感兴趣。

语言可以分为古代语言和现代语言，罗曼语和日耳曼语等。言语分为口头语言和书面语言，交流语言和文学语言，外部语言和内部语言等。

（二）第二种观点

语言是一个人表述能力的重要部分。语言包括言语，言语是语言的一部分。

就大脑来说，语言分“脑语”和“嘴语”。脑语就是我们时时在大脑里产生，称作“思考”“思想”或“思维”的东西，“脑语”被嘴表达出来就叫“嘴语”。“脑语”和“嘴语”并不是一个东西。第一，“嘴语”不是“脑语”的唯一表达方式，因为“脑语”还可以通过肌肉群来表达；第二，“嘴语”在表达时“脑语”容易失真。

言语是用嘴说出来的，而语言不单是用嘴说的。简单来说，言语即“说”，语言即“话”。

（三）第三种观点

晨蕾认为语言和言语之间既有联系，又有区别。

1. 话言和言语的联系

语言和言语是静态和动态的联系，概括和具体的联系，系统和形式（现象）的联系。语言本身不能被听到，也不能被看到，它存在于人们的言语中；日常生活和工作中，人们听到、看到的都是言语。总之，语言源于言语，语言不被运用，就不会有生命力。

人们要想认识、学会语言，必须通过言语。从言语入手，以言语为对象，人们才能研究、学习、讲授语言。语言对言语有着强制性的规范作用，言语依赖于语言。人们要想交流，必须达成语言的共识。每个人说话可以是千差万别的，但是每个人都必须遵守共同的规则，否则人们就无法交际。

2. 语言和言语的区别

语言是全民的、概括的、有限的、静态的系统（知识）；言语是个人的、具体的、无限的、动态的现象（话语）。

（1）语言是抽象的，言语是具体的。语言排除了一切个体差异，是对同一集团所有人所说的话的抽象。言语是运用语言的过程和结果，是具体的。语言学家只能对大量的言语素材进行抽象概括，才会从中发现语言的各种单位和规则。

（2）语言是静态的，言语是动态的。语言活动得以进行的前提和基础是语言的规则不能经常变动，必须是现存的、约定的，在一定时期内处于静止状态。这种静止是相对的，静中有动，随着社会的变化，语言会出现适应性变化。言语活动总是在说话人和听话人之间展开，从说到听是一个动态的过程：听话人通过语言来接收信息，其间经历了编码、发送、传递、接收、解码几个连续衔接的过程。

（3）语言具有全民性，言语具有个人性。对社会成员来说，作为相对完整的抽象符号系统，语言是全民的，存在于全体社会成员之中。言语是个人对语言形式和规则的具体运用，每个人说话都带有许多个人的特点，非常具有个人性。

（4）语言是有限的，言语是无限的。利用有限的符号及其规则说出无限的话来，这是言语活动的特点。言语就是说话，是一种行为动作及其结果，一个人一生中究竟要说多少话，要写多少东西，这是无法计算的。任何一种语言的句子是无限的，每个人根据交际需要说出的话语的内容是纷繁芜杂、各种各样的。但是，就某一语言而言，词的数量和构词规则是有限的，组词造句的规则也是有限的。

不难看出，语言是一个有限语言单位的集合，按照一定规则组织成音义结合的词汇系统和语法系统，人们的一切言语活动在这个系统中运行。而在具体的言语活动中，作为一个行为过程，人们所能说出的话语是无限的，每句话语的长短在理论上也应该是无限的，任何一句话都可以追加成分从而变得更长。

（四）第四种观点

索绪尔认为：言语是言语活动中受个人意志支配的部分，带有个人发音、用词、造句的特点；作为言语活动中的社会部分，语言是一种社会心理现象，是社会成员共有的，不受个人意志的支配；语言不是固定不变的，它始终发展、变化，因为语言符号本身的形式及其所代表事物的符号，随时处于变化发展之中；语言有内部要素和外部要素，语言研究可以分为研究语言与民族、文化、地理、历史等关系的外部语言学，以及研究语言本身结构系统的内部语言学；语言具有极大的持续性，说话者只能被动地接受。

（五）第五种观点

言语是人们在交际和活动中应用语言的过程和产物。语言包括语音系统、词汇系统、语法系统，是一种符号系统，是人类重要的交际工具，也是正常人赖以进行思维的工具。语言具有结构性、社会性、指代性、创造性等基本特征。两者之间的关系见表 1–1。

表 1–1　言语和语言之间的关系

关系	具体描述
联系	1. 语言离不开言语，任何一种语言都必须通过人们的言语活动才能发挥其交际工具的作用；言语不可能离开语言而存在，离开语言，人就无法表达自己的思想或意见，也就无法进行交际活动 2. 语言是社会生活的客观现象，有一定规则性；同时，语言的语音系统、词汇系统和语法系统是全体社会成员在言语交际中抽象概括出来的，一经产生就有较大的稳定性，随社会的发展而发展
区别	1. 研究语言的科学是语言学习成绩，而言语活动是心理学的研究对象 2. 语言是人类重要的交际工具，也是正常人赖以进行思维的工具，它是一种符号系统，包括语音系统、词汇系统和语法系统 3. 语言是人们用来交际和思维的工具，言语是运用这一工具进行交际活动的行为表现

存在于言语中的语言，是从言语中概括出来的，对言语有较强的规范、约束作用，为了使言语被人们理解，得到社会的认可，顺利完成交际任务，个人

的言语必须符合社会约定俗成的语言规则。它们之间的区别是：语言相对稳定，具有约定俗成的社会性；言语受客观制约，具有能产性，随着社会的发展和人们不断的言语实践，处在不断的运动发展之中；作为社会约定俗成的工具，语言是具有社会性的工具，言语具有鲜明的个人特色，是个人运用工具的过程和结果。

（六）第六种观点

语音成分、构词规则等语言系统的结构成分是有限的，然而在具体的言语行为过程中，人们所说的话是无限的。语言是个系统，是言语活动中社会成员约定俗成共同使用的部分，是社会共有的交际工具；言语是人们运用这个工具的过程和结果，除了具有社会因素，还具有个人因素。语言系统是社会共有的交际工具，因而是稳固的，具有相对静止状态；言语是人们运用语言这种工具进行交际的过程和结果，是自由结合的，具有相对的运动状态。

简单地说，语言是言语活动中同一社会群体共同掌握的、有规律可循而又成系统的那一部分。语言是一个抽象的实体，是从语言实践（speech practice）中抽象出来的全社会约定俗成的均质系统，而在抽象的过程中，必须把所有的个人要素或个人杂质全排除出去，但言语是很难找到规律的。

（七）第七种观点

语言体现在言语之中，它们之间是一般与个别的关系。语言是社会现象，言语是个人现象。语言是一种民族语言的词汇系统与语法系统的总和，汉语、英语、日语、德语、西班牙语都是语言；言语是对语言的运用，它既指运用语言的行为，又指运用语言所产生的结果，即说出来的话语。

从以上观点可以看出，语言和言语之间既有区别又有联系，对两者之间关系的研究，可以帮助我们了解语言教学的过程，还可以帮助我们正确地组织教学。学校的语言教学包括两方面：学生一方面学习这门外语；另一方面学会用这种语言讲话。要求学生首先必须掌握所学习语言的理论知识，其次才是实际的言语习惯和技能。

三、语言技能及其与语言知识的关系

语言是人类分布最广泛、最平均的一种能力。在人的各种智力中，语言智力被列为第一种智力。我们生活在一个有声的语言世界中，语言能力是每个人一生中极为重要的生存能力，语言交流的水平高低就是语商能力的高低。事实表明：语言在人的一生都占据着重要地位，是人们发展智力和社交能力的核心因素。

在现代社会，由于经济迅猛发展，人们之间的交往日益频繁，语言技能的重要性也日益增强，它是提高素质、开发潜力的主要途径，是驾驭人生、改造生活、追求事业成功的无价之宝，是通往成功之路的必要途径。

语言技能包括听、说、读、写四个方面的技能，以及这四种技能的综合运用能力；基础知识包括语音、词汇、语法。

（一）英语语言各级技能标准

英语语言各级技能标准见表 1–2 至表 1–10。

表 1–2　语言技能一级目标

技能	目标描述
听做	1. 能根据听到的词语识别或指认图片或实物； 2. 能听懂课堂简短的指令并做出相应的反应； 3. 能根据指令做事情，如指图片、涂颜色、画图、做动作、做手工等； 4. 能在图片和动作的提示下听懂简单的小故事并做出反应
说唱	1. 能根据录音模仿说英语； 2. 能相互致以简单的问候； 3. 能相互交流简单的个人信息，如姓名、年龄等； 4. 能表达简单的情感和感觉，如喜欢和不喜欢； 5. 能根据表演猜测意思、说词语； 6. 能唱英语儿童歌曲 15 ~ 20 首，说歌谣 15 ~ 20 首； 7. 能根据图、文说出单词或短句
玩演	1. 能用英语做游戏并在游戏中用英语进行简单的交际； 2. 能做简单的角色表演； 3. 能表演英文歌曲及简单的童话剧，如《小红帽》等
读写	1. 能看图识字； 2. 能在指认物体的前提下认读所学词语； 3. 能在图片的帮助下读懂简单的小故事； 4. 能正确书写字母和单词
视听	1. 能看懂语言简单的英语动画片或程度相当的教学节目； 2. 视听时间每学年不少于 10 小时（平均每周 20 ~ 25 分钟）

表 1-3　语言技能二级目标

技能	目标描述
听	1. 能在图片、图像、手势的帮助下，听懂简单的话语或录音材料； 2. 能听懂简单的配图小故事； 3. 能听懂课堂活动中简单的提问； 4. 能听懂常用指令和要求并做出适当反应
说	1. 能在口头表达中做到发音清楚、语调达意； 2. 能就所熟悉的个人和家庭情况进行简短对话； 3. 能运用一些最常用的日常套语（如问候、告别、致谢、致歉等）； 4. 能在教师的帮助下讲述简单的小故事
读	1. 能认读所学词语； 2. 能根据拼读的规律，读出简单的单词； 3. 能读懂教材中简短的要求或指令； 4. 能读懂贺卡等所表达的简单信息； 5. 能借助图片读懂简单的故事或小短文，并养成按意群阅读的习惯； 6. 能正确朗读所学故事或短文
写	1. 能模仿范例写句子； 2. 能写出简单的问候语； 3. 能根据要求为图片、实物等写出简短的标题或描述； 4. 能基本正确地使用大小写字母和标点符号
玩演视听	1. 能按要求用简单的英语做游戏； 2. 能在教师的帮助下表演小故事或童话剧； 3. 能表演歌谣或简单的诗歌 30 ~ 40 首（含一级要求）； 4. 能演唱英文歌曲 30 ~ 40 首（含一级要求）； 5. 能看懂英文动画片和程度相当的英语教学节目，每学年不少于 10 小时（平均每周不少于 25 分钟）

表 1-4　语言技能三级目标

技能	目标描述
听	1. 能识别不同句式的语调，如陈述句、疑问句和指令等； 2. 能根据语调变化，判断句子意义的变化； 3. 能辨认歌谣中的韵律； 4. 能识别语段中句子间的联系； 5. 能听懂学习活动中连续的指令和问题，并做出适当反应； 6. 能听懂有关熟悉话题的语段； 7. 能借助提示听懂教师讲述的故事

续表

技能	目标描述
说	1. 能在课堂活动中用简短的英语进行交际； 2. 能就熟悉的话题进行简单的交流； 3. 能在教师的指导下参与简单的游戏和角色扮演活动； 4. 能利用所给提示（如图片、幻灯片、实物、文字等）简单描述一件事情； 5. 能提供有关个人情况和个人经历的信息； 6. 能讲述简单的小故事； 7. 能背诵一定数量的英语小诗或歌谣，能唱一些英语歌曲； 8. 能在上述口语活动中语音、语调基本正确
读	1. 能正确朗读课文； 2. 能理解简短的书面指令，并根据要求进行学习活动； 3. 能读懂简单故事和短文并抓住大意； 4. 能初步使用简单的工具书； 5. 除教材外，课外阅读量达到 4 万词以上
写	1. 能正确使用常用的标点符号； 2. 能使用简单的图表和海报等形式传达信息； 3. 能参照范例写出或回复简单的问候卡和邀请卡； 4. 能用短语或句子描述系列图片，编写简单的故事

表 1–5　语言技能四级目标

技能	目标描述
听	1. 能听懂接近正常语速、熟悉话题的语段，识别主题，获取主要信息； 2. 能听懂简单故事的情节发展，理解其中主要人物和事件； 3. 能根据连续的指令完成任务； 4. 能听懂广播、电视中初级英语教学节目
说	1. 能根据提示给出连贯的简单指令； 2. 能引出话题并进行几个回合的交谈； 3. 能在教师的帮助下或根据图片用简单的语言描述自己或他人的经历； 4. 能在教师的指导下参与角色扮演等活动； 5. 能在上述口语活动中使用正确的语音、语调
读	1. 能连贯、流畅地朗读课文； 2. 读懂说明文等应用文体的材料； 3. 从简单的文章中找出有关信息，理解大意； 4. 根据上下文猜测生词的意思； 5. 理解并解释图表提供的信息； 6. 理解简易读物中的事件发生顺序和人物行为； 7. 读懂简单的个人信件； 8. 使用英汉词典等工具书帮助阅读理解； 9. 除教材外，课外阅读量应累计达到 10 万词以上

续表

技能	目标描述
写	1. 能正确使用标点符号； 2. 能用词组或简单句为自己创作的图片写出说明； 3. 能写出简短的文段，如简单的指令、规则； 4. 能在教师的帮助下或以小组讨论的方式起草和修改作文

表 1–6　语言技能五级目标

技能	目标描述
听	1. 能根据语调和重音理解说话者的意图； 2. 能听懂有关熟悉话题的谈话，并从中提取信息和观点； 3. 能借助语境克服生词障碍，理解大意； 4. 能听懂接近正常语速的故事和记叙文，理解故事的因果关系； 5. 能在听的过程中用适当方式做出反应； 6. 能针对所听语段的内容记录简单信息
说	1. 能就简单的话题提供信息，表达简单的观点和意见，参与讨论； 2. 能与他人沟通信息，合作完成任务； 3. 能在口头表达中进行适当的自我修正； 4. 能有效地询问信息和请求帮助； 5. 能根据话题进行情景对话； 6. 能用英语表演短剧； 7. 能在以上口语活动中语音、语调自然，语气恰当
读	1. 能根据上下文和构词法推断、理解生词的含义； 2. 能理解段落中各句子之间的逻辑关系； 3. 能找出文章中的主题，理解故事的情节，预测故事情节的发展和可能的结局； 4. 能读懂常见体裁的阅读材料； 5. 能根据不同的阅读目的运用简单的阅读策略获取信息； 6. 能利用字典等工具书进行学习； 7. 除教材外，课外阅读量应累计达到 15 万词以上
写	1. 能根据写作要求，收集、准备素材； 2. 能独立起草短文、短信等，并在教师的指导下进行修改； 3. 能使用常见的连接词表示顺序和逻辑关系； 4. 能简单描述人物或事件； 5. 能根据所给图示或表格写出简单的段落或操作说明

表 1–7　语言技能六级目标

技能	目标描述
听	1. 能抓住所听语段中的关键词，理解句子之间的逻辑关系； 2. 能从听力材料、简单演讲或讨论中提取信息和观点； 3. 能听懂正常语速的故事或记叙文，了解其中主要人物和事件以及他们之间的关系； 4. 能听懂日常的要求和指令，并能根据要求和指令完成任务
说	1. 能传递信息并就熟悉的话题表达看法； 2. 能通过重复、举例、解释等方式澄清意思； 3. 能有条理地描述个人体验和表达个人的见解和想象； 4. 能用恰当方式在特定场合中表达态度和意愿； 5. 能使用恰当的语调、语气和节奏表达自己的意图
读	1. 能从一般文字资料中获取主要信息和观点； 2. 能利用上下文和句子结构猜测词义； 3. 能根据上下文线索推理、预测故事情节的发展； 4. 能根据阅读目的确定不同的阅读策略； 5. 能通过不同信息渠道查找所需信息； 6. 除教材外，课外阅读量应累计达到 20 万词以上
写	1. 能用恰当的格式写便条和简单的信函； 2. 能描述简单的人物或事件，并表达自己的见解； 3. 能以小组为单位把课文改编成短剧； 4. 能用恰当的语言书写不同的问候卡； 5. 能给朋友、笔友写信，交流信息和情感

表 1–8　语言技能七级目标

技能	目标描述
听	1. 能识别语段中的重要信息并进行简单的推断； 2. 能根据所听的内容做笔记； 3. 能根据话语中的线索把相关事实和信息联系起来； 4. 能听懂故事中对人和物的描写、情节的发展和结果
说	1. 能用英语进行语言实践活动； 2. 能根据命题，稍做准备后，做简短的发言； 3. 能针对问题提出解决问题的建议和办法； 4. 能就一般话题做口头陈述； 5. 能对询问和要求做出恰当的反应
读	1. 能从文章中获取主要信息并能摘录要点； 2. 能理解文章主旨、作者意图； 3. 能提取、筛选和重新组织简单文章中的信息； 4. 能利用上下文的线索帮助理解； 5. 能理解和欣赏一些浅显的经典英语诗歌； 6. 除教材外，课外阅读量应累计达到 30 万词以上

续表

技能	目标描述
写	1. 能用文字及图表提供信息并进行简单描述； 2. 能写出常见体裁的短文，如报告或信函； 3. 能描述人物或事件，并表达自己的见解； 4. 能填写有关个人情况的表格，如申请表、求职表； 5. 能做简单的书面翻译

表 1–9 语言技能八级目标

技能	目标描述
听	1. 能识别不同语气所表达的不同态度； 2. 能听懂有关熟悉话题的讨论和谈话并记住要点； 3. 能抓住简单语段中的观点； 4. 能基本听懂广播、电视英语新闻的主题或大意； 5. 能听懂委婉的建议、劝告等
说	1. 能使用恰当的语调和节奏； 2. 能根据学习任务进行商讨和制订计划； 3. 能报告实验和调查研究的过程和结果； 4. 能经过准备就一般话题做 3 分钟演讲； 5. 能在日常人际交往中有效地使用语言进行表达，如发表意见、进行判断、责备、投诉等； 6. 能做一般的生活翻译，如带外宾购物、游览等
读	1. 能理解阅读材料中不同的观点和态度； 2. 能识别不同文体的特征； 3. 能通过分析句子结构理解难句和长句； 4. 能在教师的帮助下欣赏浅显的文学作品； 5. 能根据学习任务的需要从电子读物或网络中获取信息并进行加工处理； 6. 除教材外，课外阅读量应累计达到 36 万词以上
写	1. 能写出连贯且结构完整的短文，叙述事情或表达观点和态度； 2. 能根据课文写摘要； 3. 能在写作中做到文体规范、语句通顺； 4. 能根据文字及图表提供的信息写短文或报告

表 1–10 语言技能九级目标

技能	目标描述
听	1. 能听懂有关熟悉话题的演讲、讨论、辩论和报告； 2. 能听懂国内外一般的英语新闻广播及天气预报； 3. 能抓住较长发言的内容要点，理解讲话人的观点及目的； 4. 能从言谈中判断对方的态度、喜恶、立场； 5. 能理解一般的幽默； 6. 能在听的过程中克服一般性的 Vt 音干扰

续表

技能	目标描述
说	1. 能就国内外普遍关心的问题如环保、人口、和平与发展等用英语交谈，表明自己的态度和观点； 2. 能把握交谈时的分寸，会用客套语，会提出问题，会结束谈话； 3. 能经过准备就一些专题做 5 ~ 10 分钟演讲并回答有关提问； 4. 能用英语接受面试； 5. 能做一般性口头翻译； 6. 能在交际中恰当地表达自己的情感； 7. 能对交际中产生的误会加以澄清或解释
读	1. 能阅读一般的英文报纸杂志，获取主要信息； 2. 阅读一般英文原著，抓住主要情节，了解主要人物； 3. 能读懂各种商品的说明书等非专业技术性的资料； 4. 能根据情境及上下文猜测不熟悉的语言现象； 5. 能使用多种参考资料和工具书解决较复杂的语言疑难； 6. 有广泛的阅读兴趣及良好的阅读习惯； 7. 能有效地利用网络等媒体获取和处理信息
写	1. 能用英文书写摘要、报告、通知、公务信函等； 2. 能比较详细和生动地用英语描述情境、态度或感情； 3. 能阐述自己的观点，评述他人的观点，文体恰当、用词准确； 4. 能在写作中恰当地处理引用的资料及他人的原话； 5. 能填写各种表格，写个人简历和申请书，用语基本正确、得当； 6. 能做非专业性的笔头翻译； 7. 在以上写作过程中做到文字通顺，格式正确

（二）英语语言技能与语言知识之间的关系

英语学科教学中的语言技能与语言知识之间的关系问题，既是一个外语教育的理论问题，也是一个外语教育的实践问题。它直接关系到英语教学如何实施的问题。我们只有在坚持科学的语言哲学观的前提下，在科学的话语系统内理性对话，才能正确回答这个问题。

两者之间的关系是：语言技能属于语言实践行为，是第一位的，是语言知识产生和发展的前提；语言知识规范和监察语言的运用，是对语言运用的理性认识，是第二位的，是对语言实践规律的高度概括与抽象。

只有正确理解和处理两者之间的关系，才能科学地进行英语教学，促进学生的发展，取得较好的教学效果。

四、影响英语学习的因素

英语学习过程非常复杂，影响因素众多。这些因素所起的作用直接影响着学习者的英语学习成绩。英语教育工作者要意识到这些差异与英语学习的关系，并要注意英语教学的策略，尽到英语教育工作者应尽的责任，并和学生家长配合起来，因材施教，适应差异，搞好英语教育教学工作。

（一）学习态度

个人的学习态度会对英语学习效果产生非常大的影响：积极的态度激励语言学习，消极的态度阻碍语言学习；学习态度直接影响个人学习的投入程度，消极被动的学习者，其学习投入程度较低，参与学习的积极性较小，心理压力较大，学习效果较差；在课堂上，如果师生能够相互尊重与坦诚交流，就能建立新型的师生关系，师生之间的心理距离较小，学生学得生动活泼，学习效率就能大幅提高；积极的学习态度能增强学生的抗挫力，有效提高学习效率。

个人的学习态度包括对语言教师的态度、对语言文化的态度、对学习成就的态度等。英语学习的影响因素都有可能成为态度的对象。

1. 对语言教师的态度

学生对待语言教师态度上的不认同乃至消极的态度体验，都会影响语言的学习。学生不喜欢的教师，大都没有爱心，上课时没有激情、照本宣科，与学生之间没有较好的互动，行事简单、粗暴，口语不好，口音极重等。学生喜欢的教师，大都品行端正，待人友善，讲课生动、活泼，无不良嗜好，能够与学生保持良好的互动等。

教师素质是学科建设发展的关键，也是英语教学改革成功与否的关键。因此，教师要充分分析学习者的态度问题，创造一个“积极的亲近目标语的态度”氛围，这是对教师积极态度的基础条件和现实前提。一方面，在为人师表层面，教师要转变待学生的态度，对每一个学生都要平等、尊重，争取成为学生的良师益友；另一方面，要继续加强培训和培养英语教师，以促进教师不断提高教学方法与学术水平，从而积极地影响学习者正确调整学习态度。

2. 对语言文化的态度

学习者的学习动力很大程度上受到对第二语言文化的态度的影响。如果学习者持肯定态度，会有很大的学习动力，也就会有较好的学习成绩。

3. 对学习成就的态度

实际上，如果能从学习成就或学习进步中获得满足，一个学习者就能提高自己的学习信心。如果学生自我效能感较差，即对学习目标没信心，自我认同度不高，不满意自己的学习方法，不满意自己的学习成绩，对学习效果缺乏自信或预期定位不准，就会直接影响学习动机。

（二）语言学能

1981 年，Carroll 把学能定义为“完成某项学习任务的能力”，其认为语言学能分为语法敏感性、死记硬背能力、语音译码能力、语言归纳能力四个方面。实际上，语言学能明显与语言学习效果正相关，即一个人的语言学能越高，取得的学习成绩就会越好。

（三）学习方式

学习方式对学习结果有着决定性的影响，是教学过程的基本变量，是一个组合概念，是学生在合作性、探究性和自主性的基本特征，反映学生完成认知任务的思维水平。要想全面提高学生素质，就要帮助其找到合适的学习方式，以深层次的认知和积极的情感体验参与学习。学生可以采用表 1–11 所示的学习方式，发挥主体作用，提高自身能力。

表 1–11　英语学习方式

学习方式	具体描述
自主式	以培养学生独立能力为出发点，让学生在内在学习动机的需求下进行学习，给学生足够自主的空间、足够活动的机会。使用自主式学习方式，学习更加积极主动，兴趣自然得到提高
体验式	通过实践来认识周围的事物。使用体验式学习方式，教师只要适当引导，学生就不会感到枯燥，还会把各种感官都应用到学习过程中来，这样可以保证具有各种记忆和思维类型的学生都能积极地感知教材，使学生自然进入角色
探究式	在教学过程中创设一种类似科学研究的情境或途径，让学生通过主动的探索、发现和体验，学会对大量的信息进行收集、分析、判断，从而增进思考力和创造力

续表

学习方式	具体描述
网络式	通过网络技术进行学习，有助于拓展学生的学习视野；构建丰富的、反思性的学习情境，为学生的自由探索创造更多的机会；实现学习资源的合理整合，为学生的学习提供丰富的选择余地，增强学习的主体性；有助于模拟现实中难以实现的实验，培养学生实际操作的能力
合作式	互助学习的一种，目的是培养学生的合作意识和团队精神。能有效转化和消除过度的学习压力，有助于引导学生在学习中进行积极的沟通，形成学习的责任感，培养合作的精神和相互支持、配合的良好品质
实践式	实践活动既是认识的源泉，又是思维发展的基础，学生学习知识的获取、学习技能的培养、学习素质的提高，无不是在实践中得以实现的

（四）学习动机

英语学习动机是人类行为学习的动机之一，是内部直接推动英语学习的动因，是学习者学习英语的积极性与自觉能动性的心理状态之一。每个学习者的学习动机、动机强度不尽相同，他们对英语学习成败的归因也不尽相同，某调查实例见图 1–1 至图 1–5。

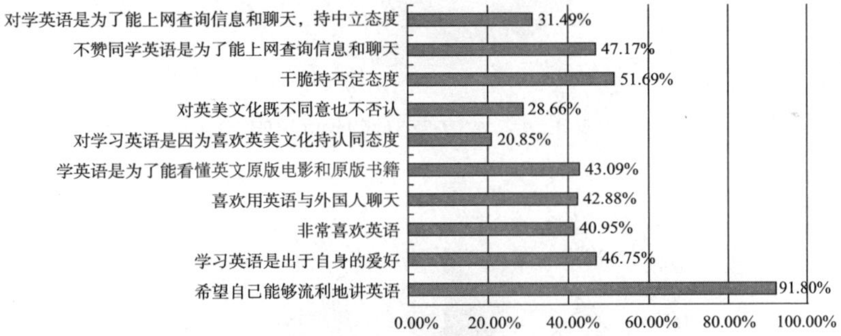

图 1–1　深层动机

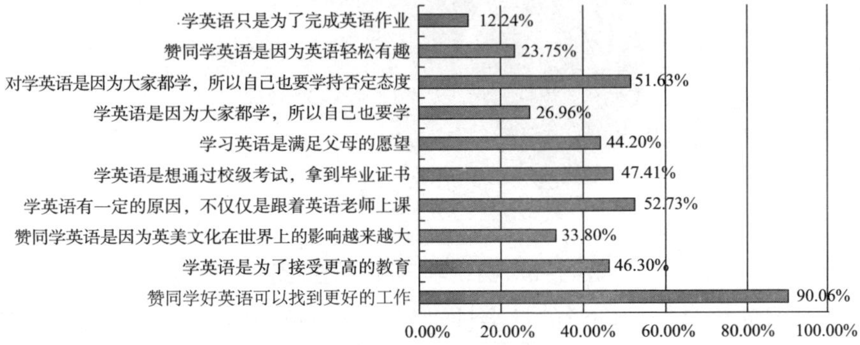

图 1–2　表层动机

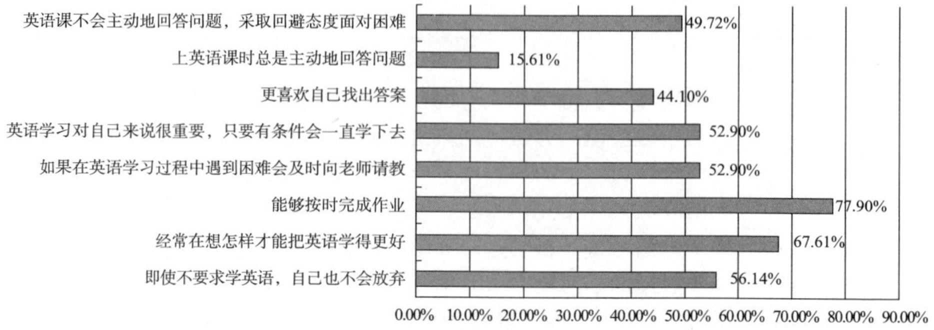

图 1–3 动机强度

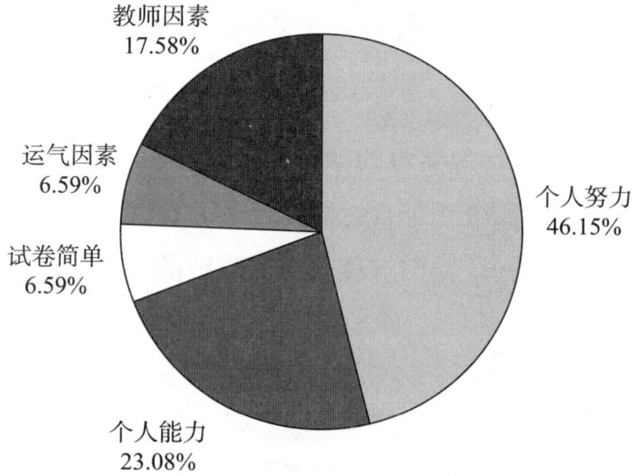

图 1–4 英语学习成功的归因

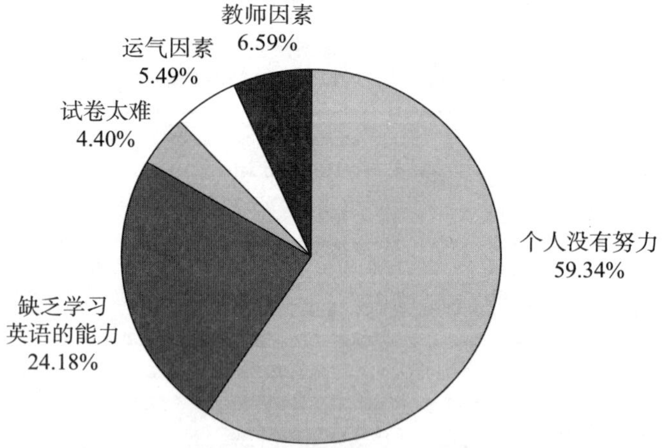

图 1–5 英语学习失败的归因

英语学习动机是一种广泛的社会性动机。学习英语时，有动机的学生能够取得较好的学习效果。不同的社会和教育对英语学习者的学习要求不同，反映在英语学习者头脑中的英语学习动机也不同。

英语教师在教学过程中，应针对不同英语学习动机的类型，适应差异，因材施教，摸索合适的教学方法。分步学习便是程序化教学的反对者所用的主要方法，学习者都能用同一个教程，但速度不同。另有一些使教学多样化的方法，是让学生选择自己的阅读写作作业和不同类型的阅读练习，要求学生做概括或详尽的回答。

（五）人格因素

Ellis 将人格分为外向或内向、冒险性、模糊含义的宽容性、移情、自信和抑制六个方面。

外向和内向是反映人格特征最重要的方面。在英语学习中，外向型学习者通常不怕出错、积极参与，口语能力、语言交际能力较强。其实，内向型学习者成绩不一定不好，外向型学习者成绩也不一定突出。英语学习优秀者既有外向型也有内向型，究竟哪种人格类型更适合学习英语，至今尚无定论。

第二节　高校学生英语学习中的内部阻碍

本节主要从高校学生的英语学习态度和高校学生英语学习的心理动机两个方面研究高校学生英语学习中的内部阻碍。

一、高校学生的英语学习态度

语言态度可以表明人们对于操这种语言的人的看法和热爱程度，指的是不同语言或语言变体的说话者，对自己的语言或他人的语言所持有的看法与观点。很明显，对语言表示的消极或积极能够反映出人们学习的难易性、语言品位等。

实质上，语言学界所研究的态度指的是语言学习态度。学习态度是个人对学习所有的一种内在的心理准备状态，一般指其学习时表现出来的消极、否定的或者积极、肯定的等比较稳定的心理倾向。学习态度一旦形成，在特定时间内会保持稳定的倾向。

由表 1-12 可以看出，高校学生的学习特点主要有以下两个：学习没有计划性，盲目学习；学习缺乏自觉性和自控能力。

表 1–12　对英语学习情况的调查统计

题号	单选题	A. 肯定	B. 有时	C. 否定
1	你在学习中对所学的内容注重记忆吗	28%	43%	29%
2	你认为自己的英语基础好吗	29%	38%	33%
3	你经常阅读英语参考书和课外读物吗	20%	38%	42%
4	你经常参加英语协会组织的活动吗	5%	50%	45%
5	你对学英语的兴趣是	A. 很大 40%	B. 一般 52%	C. 无兴趣 8%
6	你的英语学习过程是	A. 能较好地自我管理和主动学习，不受他人或环境的影响 55%	B. 在教师、辅导员的要求和督促管理下才能较好地学习 19%	C. 控制不住自己，容易受他人和环境的影响 26%
7	你的学习紧张程度是	A. 很紧张 15%	B. 一般 78%	C. 不紧张（其他） 7%
8	你完成英语作业的情况是	A. 及时完成 65%	B. 有拖拉现象 28%	C. 不会、不做（其他） 7%
9	你对英语课时满意吗	A. 满意 26%	B. 应增加一些 60%	C. 不满意 4%
10	你对英语成绩满意吗	A. 想再提高 53%	B. 满意 22%	C. 不满意 25%

高校学生的英语学习在认识过程、情感过程和意志过程，即知、情、意三个方面都存在着一定的问题，主要表现为表 1–13 所示的 13 种心理态度。

表 1–13　高校学生的英语学习态度

态度	具体描述
浮躁	没有养成良好的学习习惯，缺乏刻苦学习精神，学习浮躁，只知毛皮，不求进取
矛盾	曾下决心要努力学习，由于短期内没有达到预期效果，便丧失继续进取的信心，形成了想学好又怕吃苦的矛盾心理
迟钝	思维迟钝，接受新知识缓慢，学习方法死板，力不从心，被动应付，每天都被教师牵着鼻子艰难行走，结果仍是收效甚微

续表

态度	具体描述
害羞	遇到问题羞于向老师提问；在英语口语交际中怕读错、怕说错，因而不愿意开口
功利	只追求通过考试取得证书，学习处于被动状态，是迫不得已。在这种功利心理支配下，学生一旦通过考试，就没有继续学习英语的愿望，而经过两三次考级失败的高职生，则会认为再怎么学英语也无法通过，因而也放弃了努力
畏难	缺乏刻苦攻读、认真钻研的精神，遇到困难或受挫，便会夸大难度，贬低自己克服困难的能力，萌发放弃学习英语的念头，丧失了学习英语的信心
应付	存在"当一天和尚撞一天钟"的应付依赖心理，没有形成良好的英语学习习惯，平时不完成作业或抄袭他人作业，考试之前搞突击，甚至设法作弊
自卑	英语学习中的自卑心理一般表现为对自己学习能力的怀疑和否定，直接影响了学习动机和意志，产生畏缩不前、消极被动的心理。过多注意弱点，总认为自己不能学好英语，缺乏学好英语的信心
焦虑	即学习和使用第二语言中常有的紧张、担忧、害怕等情绪体验和担忧的状态。适度的焦虑有助于激发学习者的动机，取得良好的学习效果。焦虑水平过高会使人过度紧张、担心，从而极大地束缚人的认知能力；过低又会对学习持无所谓态度，缺乏学习热情和责任心
逆反	教师对学生缺乏必要的了解和关心，不尊重学生自尊心，或者由于教师不能公正地处理某些事造成学生的心理创伤，使他们对教师恐惧、厌恶，在此基础上产生反抗心理和反抗行为，进而对英语学习产生反感
厌学	这类学生大都缺乏学习主动性，意志不坚强，懒惰散漫，自暴自弃。由于英语基础较差，而教师和家长又没有及时给予劝慰和鼓励，反而施加更大压力，在英语学习上得不到成功感，于是便讨厌学英语
骄傲	英语学习伊始，由于知识比较简单，学习兴趣浓厚，成绩比较好，容易得到教师的表扬，产生骄傲轻视的心理。随着知识难度不断加大，成绩不大理想，得不到教师的表扬时，有"失宠"之感，逐渐失去学习兴趣
内敛	性格内向、孤僻，不善言辞，虽然情绪比较稳定，学习比较刻苦，但不愿开口说，听力和口语成绩不佳，影响了英语综合素质的提高

二、高校学生英语学习的心理动机

英语学习动机是直接推动英语学习的内部动因，表现为学习英语的求知欲与愿望。学生的学习动机是指由学习需要、学习习惯、学习态度等各种心理动力因素构成的完整的动力系统。概括地说，学习的内在需要和外在诱因是构成学习动机的基本要素。学习动机具有启动、维持学习活动的功能，指向学习目的的功能，调节、强化学习行为的功能。

英语学习动机从社会语言学的角度分为融入型动机和工具型动机，从作用因素的角度分为外在动机与内在动机，从动机作用强度的角度分为辅助性动机与主导性动机，从与学习活动本身有无直接联系的角度分为远景性动机和近景性动机，见表 1–14。

表 1–14 英语学习动机分类

动机	具体描述
融入型动机	指个人学习外语时对语言本身产生了强烈的兴趣，并希望可以融入所学语言的文化。拥有融入型动机的人学习外语时能体会到乐趣，不觉枯燥厌烦，更易于掌握外语
工具型动机	学习者希望通过利用第二语言达到自己的目标，侧重“学习一门新的语言的实际价值和好处”。强调学习英语的某些实际目的，而没有和英语社团进行交际的特殊目的的需要。主要特点是无持久性、有选择性，如为阅读科技文献、做资料翻译、为找某些特殊的工作等而学英语。一旦学习者认为工具的目的已经达到，动机便立刻消失
外在动机	英语学习者受到外力推动，不是主观因素在起作用。这种动机受到外在诱因的影响，随着外部条件的变化而变化，如果得不到及时有效的调节，则有可能表现为患得患失，影响学习效果
内在动机	这种动机由学习者对学习的需要、兴趣、愿望、好奇心、求知欲、理想、信念、人生观、价值观，及其自尊心、自信心、责任感、义务感、成就感和荣誉感等内在因素转化而来，具有更大的积极性、自觉性和主动性，对学习活动有着更大、更为持久的影响
辅助性动机	起着次要、从属和辅助性作用。一般某个学年段可以有若干个
主导性动机	动力强，起主导性作用，随着学生的成长而变化。一般某个学年段只有一个
远景性动机	与学习活动本身没有直接联系，具有间接性特点。强调学习活动的结果和价值与英语学习的社会意义相联系，有力地影响着学生英语学习的自觉性和主动性。这类动机与比较长远的活动结果相联系，其稳定性强，不易动摇，能在较长时间内起作用
近景性动机	与学习活动有直接联系，具有直接性特点。主要表现为对英语学科内容或学习活动的直接兴趣，是由学习者在学习过程中获得的体验和结果引起的。这类动机主要由好奇和认知的需要引起，比较具体、强烈而有效，动力作用具有暂时性和不稳定性的特点

第三节 高校学生英语学习中的外部阻碍

我国高等教育的发展取得了长足的进步，但同时也存在许多问题，高等教育中的英语教学问题表现得尤为突出，有很多方面值得我们探讨、改进和提高。

一、教学环境的问题

从教学论的角度来看，教学环境是教学活动必须凭借的一个重要因素。在教学实践中，教学环境对教学活动的顺利进行，对学生身心的健康发展都有极其重要的影响。深入了解教学环境这一重要教学因素在教学活动中的功能和作用，以及影响学生身心发展的内在机制，有助于我们更好地探索教育规律，提高教学质量。

教学环境是一个由多种要素构成的复杂的整体系统，它对学生学习过程中的认知、情感和行为产生着潜在的影响，对教学活动的进程和效果施加系统干预。可以说，教学环境的优劣在某种程度上决定着教学活动的成效。为了最大限度地发挥教学环境的正向功能和降低其负向功能，实现教学环境的最优化，必须对教学环境进行必要的调节控制。

当前，英语教学环境主要存在如下几个问题。

（一）高等院校英语教学物理环境不足

1. 缺乏完善的英语教学设施

课堂教学广泛应用了多媒体技术、网络技术，活跃了教学气氛，但是硬件设施老化及数量短缺等问题依然存在。高院扩招以后，教学设施不足的问题更加突出，主要是教室数量严重不足，尤其是多媒体教室数量更少，设备陈旧，容量有限，英语教学质量受到这些因素的严重影响。

2. 空间环境安排不合理

（1）课时偏少，学生学习周期较短。现在的大学英语教学课时少，学生学习周期较短，即使降低教学要求，删减教学内容，也不能完成教材中最基本的英语技巧学习和一般性课文的讲解和实训要求。课时偏少的情况往往造成对课程学习的虎头蛇尾，随着课程的结束，学生的听说读写译的学习也就到此为止。

（2）课堂活动时间不合理。例如，设计活动时考虑不周全；教师没有很好地控制教学节奏；活动目标定得太高；没有充分利用教师的群体力量；没有开展形式多样、内容丰富多彩的课外活动；没有充分利用外教资源；没有实行“走出去，请进来”的方式；没有利用传媒及多媒体来丰富学生的第二课堂语言环境；没有优化校园英语环境；没有创设课堂英语环境；课外没有注重丰富英语知识和提高英语自主学习能力环境的创设。

（二）高等院校英语教学心理环境不足

1. 学风的问题

良好的学风是学校宝贵的财富，是提高教学质量、培养合格人才的重要保证，是衡量育人环境的重要标志。考察一所学校的校风，一般从教与学两个方面，即教风和学风。它们构成了一所学校校风的核心内容，教风在学风建设中起着基础性的重要作用。

优良学风是优良教风的必然要求与最终结果，没有好的教风，学风建设就会成为一句空话，教学质量也就没法保证。

当前，高校学生存在的学风问题主要有上课迟到、旷课、抄袭、考试作弊等。

2. 英语课堂教学的问题

课堂环境如何，对于激发学生的学习兴趣影响极大。目前，高校英语课堂教学气氛不够和谐，主要原因是：教师没有更新教育观念，没有转变教师角色，没有学习现代英语教学理论，没有调整教学方法，没有优化英语教学。教师平时课堂教学没有全身心投入，没有洋溢出教者的热情，仪态不洒脱，精神不饱满，表情不轻松愉快，目光中不能给予学生亲切、和蔼的感觉，不能让学生本来较为紧张的心情得以舒缓，激发学生的学习热情，增强他们的自信心，以达到预期的教学效果。

实际上，英语教师应当吸收先进的教学方法，帮助学生克服阻碍英语学习的消极因素，创造轻松、愉快的课堂学习环境，引导学生学好英语。

（三）教学环境优化的策略

对教学环境的优化，应当采取表 1–15 所示的 5 个策略。

表 1–15　教学环境优化的策略

策略	具体描述
协同特性策略	在调控优化教学环境的过程中，环境控制者可以通过协同或突出环境的某些特性，有意形成某种特定的环境条件来影响教学活动及师生的行为，以达到预期的目的
协同转释策略	在调节控制教学环境的过程中，要对存在于教学环境中的各种信息进行一定的选择转化处理，实现信息优控，使信息成为促进学生健康发展的积极因素

续表

策略	具体描述
整体协调策略	在教学环境的调节控制过程中，无论学校领导还是教师，都要有全局观念，要从整体上对教学环境的各个方面进行规划调整，以便把各种环境因素有机地协调为一个整体
自控自理协同策略	教育者不仅自己要重视调节控制教学环境，而且要重视学生在调节控制教学环境方面的作用，培养学生自控自理环境的能力，使学生自己学会控制和管理教学环境
协同优势策略	在教学环境的调控优化过程中，要充分协同学校已有的有利环境条件，为教学活动创造一个良好的环境

（四）教学环境优化的原则

对教学环境的优化，需要遵循表 1–16 所示的 3 个原则。

表 1–16　教学环境优化的原则

原则	具体描述
注重实用性	创建良好的教学环境并不意味着刻意追求豪华的设施和讲究排场，其主要目的是更好地服务于教学。因此，教学环境建设应立足本地本校实际，不能脱离教学实际需要和自身经济能力去追求物质条件的丰裕和环境外表的完美
注重科学性	教学环境的建设和美化要符合学生身心发展的特点和教学规律，要遵循生理学、心理学、教育学、学校建筑学、学校卫生学、教育社会学、教育美学、学校德育的基本原理，要通过科学合理的调控优化，使教学环境真正成为科学和艺术的统一体
注重教育性	教学环境的一切设计、装饰和布置都必须有利于启迪学生的思想，陶冶学生的情操，激励学生向上，必须充分体现各种环境因素的正面教育意义

二、教师队伍和教学方面的问题

在我国，提高英语教师的整体素质是提高英语教学质量的关键。

（1）随着我国高等教育的发展，高校学生数量剧增，教师队伍的整体状况与当今高等教育迅速发展的现实以及深化改革与健康持续发展的要求存在较大差距，主要体现在以下几个方面：教师学历偏低；师资队伍不健全；教师队伍结构不尽合理；教师科研、创新意识不强；双师型师资队伍不足；缺乏师资配备；教师队伍的综合业务水平较低；教师队伍来源单一；英语课堂教学质量较差；教师教学任务繁重；英语教师队伍建设不能满足现代教育的需求。

（2）教师教学方面的问题。第一，由于受到传统教学观念的影响，很多高校教师在上课时用大量时间讲解词汇、分析语法、介绍翻译方法等，教学方法单一，忽略学生的语言实践和自主学习，导致课堂气氛沉闷，学生学习兴趣索然，教学效果较差。第二，教师职业责任感的缺乏和教学水平的差异导致其教学时没有耐心，不能恰当地确定教学方法，也做不到循循善诱，最终有可能使学生产生反感、厌学的情绪。第三，很多大学教师认为学生已经成人，具有较强的自学能力和独立的思想意识，不需要加强管理，上下课来去匆匆，很少与学生进行情感交流，师生关系冷淡，学生很容易产生消极被动的学习态度。

三、教学理念的问题

教学理念是对认识的集中体现，是人们从事教学活动的信念，是人们对教学活动的看法和持有的基本的态度和观念。目前，我国英语教学理念存在表 1–17 所示的 7 个问题。

表 1–17 英语教学理念的问题

问题	具体描述
学科层面	教师在关注学生进步和发展方面有欠缺，一是没有“对象”意识，二是没有“全人”概念
理论层面	教师对教学理论缺乏各种反思，不能在实践中检验教学理论的各种元素。同时，对发展了的教学理论，教师缺乏重新认识，往往沿袭以往的理论思想，故步自封，不能给学生搭建有利于能力和素质提升的平台和空间
操作层面	教师的教学核心观是“仓库理论”“填鸭式教学”，把学生当成“容器”，一味地灌输，教和学不能合一，没有把学生看作一个发展的人，不能促进学生的和谐发展，不能把学生引向成功
没有建立“以能力为中心”的教育质量观	传统教学是由老师单向灌输知识，以考试分数作为衡量教育成果的唯一标准，教师注重学生在课堂教学中接受现成的知识和结论。这种“守成性”教育严重影响了对学生创新精神和创新能力的培养
教学理念滞后	从教学内容上仍然以课本为主，没有依据就业市场的变化形势进行有效的调整，没有以学生的发展为教学根本，对学生学习心理、认知规律、学习中的薄弱环节等缺乏深入的调查研究，不能给学生提供自我评价、学习策略训练等方面的有效指导
没有充分体现大学英语学习的研究性、探究性与合作性	没有通过有效的课程设计以及网络多媒体的辅助，实现学习内容的综合性与开放性，学习形式的探究性、学习手段的技术性、学习过程的自主性与合作性、学习评价的多元性与社会性、学习成果的创新性和知识的自我建构性等
没有建立“以学生为中心”的主体观	在整个教学过程中，教学基本以教师单一传授为主，教学方法多采用传统的讲授法，教学内容也比较偏重语法和阅读

四、教学内容体系的问题

目前，我国高校英语教学内容体系主要存在表 1–18 所示的 3 个问题。

表 1–18　教学内容体系的问题

问题	具体描述
教材选取不当，教学内容滞后	从功能上来看，教材是为一定育人目标服务的师生之间的中介。教材是实现教育目标的重要手段，是教学内容和方法的知识载体。教材的好坏直接影响着教学效果的优劣。目前国内缺乏成熟的系列化专业英语教材。专业英语教材的内容大多来自国外原版教材及某些外文刊物，内容单调陈旧，而且有些文章偏难、脱离实际需要，难以保证教材质量。此外，缺乏教学辅助材料，特别是练习使用的学习机、录像带等
教学内容专业特色不突出	传统英语教学模式下的毕业生走上工作岗位后在英语应用方面仍表现出严重的不适应，因此突出实用性、应用性的英语教学才符合人才培养的目标。学生在校期间要不断提高其实际从事涉外交际活动和满足工作需求的英语应用能力
教学内容缺乏针对性	教材内容偏于基础理论，缺乏实用性和针对性，直接降低了高职英语的教学效率

第二章
英语词汇教学活动研究

近年来，由于语料库应用和词汇法等新的语言教学法的发展，词汇教学再次受到人们的关注。但是新的教学理论并没有迅速地被教师接受并应用到课堂中去，因此，架起这些理论与课堂教学实践相结合的桥梁是现实而又必要的。

第一节　词汇内容的科学认识

词汇是英语学习的基础，只有掌握一定的方法才能更好地学习和掌握词汇，为学好英语语言打好坚实的基础。

一、概述

所有语言都包含词汇。语言都是从词汇开始的，即便就母语而言，人们也是在不断学习新词汇，学习已有词汇的新词义。

第二语言学习者甚至在面对比这段文字简单得多的表述时，也会感到类似的困扰。他们会遇到完全不熟悉的词汇，或者发现有些词的用法很陌生、很奇怪。他们甚至还会遇到一些在他们母语中没有对应概念的词汇。当他们需要运用语言进行表达时，这类问题就会更为突出。当学生的词汇存储量有限时，就会找不到恰当的词汇表达想要表达的意思。即便是在已有的词汇存储范围内，也可能对词汇间的区别感到困惑，结果可能会很糟糕。

概括来说，学习者学习第二语言的词汇可能会遇到以下问题。

（1）理解了第二语言后，建立起词汇形式与意思之间的正确关联（如 mouthfeel 和 grippy），包括区分相关联词汇的词义（如 lush 和 plush）；

（2）进行语言表达时，运用词汇的正确形式表词达意（如 nose 而不是 noise）。

为了应对这些挑战，学习者需要：

（1）获得足够的理解性和运用性词汇；

（2）长时间记忆词汇，以便在使用时能容易地想起它们；

（3）制定能解决词汇知识欠缺的策略，包括处理生词和已知词汇的不常见用法。

二、词类

词汇的定义对教学有着重要的意义。比如教了 to look 这个词，是不是就可以假设学习者会自然而然地学会 to look for 和 to look after 呢？教师会一起教 look、looks 和 looking 吗？在介绍 record player 之前，是否会先分别教 record 和 player 这两个词？遇到 to do something up 这类词，会怎样教呢？它是一个整体，表达的意思不是几个词意思的叠加，而且其组成词汇的位置是可变化的，比如 do a flat up 或者 do up a flat。最后，怎样评价学习者的词汇量呢？如果他们知道 bits，也知道 pieces，可以假设他们知道 bits and pieces 吗？如果学习者知道 bits and pieces，是不是他的词汇量要比那些仅仅知道 bits 和 pieces 的学习者的词汇量大呢？

根据上面的分析，可以看到词汇在语篇中有不同的作用。因此，例句中的词汇可以分为八个词类：

名词 bits, pieces, record, player

代词 I, them

动词 like, looking, doing, to look

形容词 old, second-hand, new

副词 up

介词 for, like

连词 and

限定词 all

英语中有很多词可以属于两个或两个以上词类，比如 like。上面没有给出例子的词类是限定词，比如 a、the、some、this、last。就词义而言，可以将这些词类大致分为两种。有些词，如 for、and、them 和 to，主要起到构成句子语法结构的功能。这类词叫语法词（或功能词），它一般包括介词、连词、限定词和代词。

另外一类词叫实词，主要承担传递信息的任务。实词通常是名词、动词、形容词和副词。

如果只用实词的话，一个语篇的意思也可以或多或少揣测出来：

like looking bits pieces old second-hand record players doing up look new

但是，如果只用语法词，就会是下面这样：

I for and like and them to like

通常，当位置空间有限时，比如在手机短信、报纸标题或路标上，就只用实词。例如，RAIL STRIKE TALKS END。实词是一组开放的词汇，也就是说，语言中实词数量的增加是没有限制的。这里有一些最近新增加的实词词汇：airbag、emoticon、cariacking、cybersex、quark。语法词则是相对封闭的一组词。在传统意义上，语法词属于语法教学的范畴，而词汇教学则更侧重于实词的教学。然而，这两类词之间的严格区分最近变得模糊起来。这两类词的相互依赖正是词汇法的核心原则。

三、词族

有些词的基础形式或词根一样（如 look），但是词尾不同：looks、looking、looked。这是多数语言的一种语法特征，比如通过附加成分（常称为词缀）形成动词的过去式（looked），或者变名词复数（bits）。同一个词的不同语法形式叫作屈折形式。增加词缀是为了满足语法的需求，通过在词根（如 play）上增加词缀来形成新的词汇，是构词的一种基本原则，由这种方法而产生的新词，如果与词根的词义不同，则叫作派生词。

play

play+er

re+play

play+ful

在这个例子中，plays、played 和 playing 是 play 的屈折形式，player、replay 和 playful 则是 play 的派生词。屈折形式和派生词都是通过附加词缀(词缀构词法) 产生的。这里，-er 和 -ful 是在词尾附加的词缀，也叫后缀；而在词首增加的词缀，如 re-、un-、pre、de- 等叫作前缀。

一个词的基础词、屈折形式和最常见的派生词组成词族。如 understand 是基础词，它的词族有：

understands

understanding

understood

understandable

misunderstand

misunderstood

四、构词

在已有词汇的基础上生成新词汇的方法是词缀法，还有一种方法是复合构词法，即由两个或两个以上独立词汇组合成新的词汇，如 second-hand、word processor、paperback 等。复合词是由两个独立的词汇组成的，它们的拼写方式不同，如 dish washer、dish-washer、dishwasher 和 wild flower、wild-flower、wildflower。所以 record player 是一个复合词，而不是两个单独的词汇。将 record player 看作一个词的另一个原因是这类复合词的形式——名词 + 动词 +er——在英语中是常见的词汇复合形式。Record player 的意思就是播放（pray）录音（record）的机器。英语中这样的词有很多，如 dishwasher、hairdryer、busdriver、goalkeeper、typewriter 等。它们都是按照同一构词原则生成的词汇，而且这样的新词汇还在不断增加，如 screensaver、trainspotter、particle accelerator、mail server。另一种常见的复合词形式是"名词 + 名词"的形式，如 matchbox、classroom、teapot、mousemat 等。当然，这两种复合的形式（名词 + 名词和名词 + 动词 +er）还可以再组合，生成更为复杂的复合词，如 dumptruck-driver、candlestick-maker、windscre-wiper 等。

两个词可以缩合产生新的词汇（称为缩合词），如 breakfast+lunch=brunch、information+entertainment=infotainment。有些词是由一种词性转化为另一种词性而产生的，这种构词方式叫作转化法。其常见的形式是由名词转化为动词（或动词化），如 The shell impacted against a brick wall 和 Let's brunch tomorrow。其他词性的词汇也能进行转化，如 she upped and left（介词转化为动词）、a balloon flight is an absolute must（动词转化为名词）。最后，还可以通过将长词变短或截短长词而创造新词，如 flu（截短自 influenza）、email（截短自 electronic mail）、dorm（截短自 dormitory）。

五、多词单位

两个或两个以上的词汇放在一起能构成一个意义单位，如 bits and pieces、do up、look for，其形式是固定的或半固定的。在专业术语上，它们叫作多词单位，也常称为词块。

词块根据组成词汇的固定程度和习语性程度的不同而不同。例如，out of the blue 既是习语（即它的意思不是由单个组成部分的意思叠加而来的），形式上也是固定的。比如，不能说 from the blue 或 out of the green。well and truly 和 bits and pieces 形式上比较固定，但习语化稍弱。year after year 是半固定的，可以做有限的变化。我们也可以说 month after month 和 day after day。a lot of 和 for years 是比较典型的表达模糊数量和质量的语块。这样的语块很多，比如 loads of，that sort of thing、more or less、now and again。

It's amazing how… 属于带有句子框架作用的半固定多词单位，它们提供一种句子结构来提领一个句子。在快速发言时，它们对缩减规划时间特别有用。

在非正式语中，常常可以看到由"动词 + 副词"（如 swung round）或"动词 + 介词"（如 look after）组成的复合词。这些词被称为短语动词或多词动词。由于它们是习语（如 lay off），有时又可以拆分使用（laying more workers off 和 laying off more workers），因此对学习者来说是很大的挑战。

由于多词单位可以像单个词汇一样使用，因此产生了词位这个概念。词位是指具有独立意思的一个词或一组词。如下面这个句子：

I like looking for bits and pieces like old second-hand record players and doing them up to look like new.

可以将 looking for、bits and pieces、record player、doing…up、to look 看作和 I、like、old、them 等一样的单个词位。

六、词汇搭配

词汇还有一种较为松散的组合方式叫作搭配。如果两个词一起出现不是偶然的，或者说当我们看到一个词时，可以相当确定地猜测另一个词就在旁边，那么这两个词构成了搭配。随着语料库数据的应用，现在可以查询到有关两个词同时出现的可能性的数据。比如，最常与 record 一词搭配的词是 world，其次是 set。所以，可以根据这个不完整的句子 She set a new world... 而填出后面一个词。搭配并不像复合词或多词单位的关系那样牢固，搭配的词甚至可能不是相邻的两个词，而是被一个或多个其他词隔开。比如，set 是 record 第二高频度的搭配词，但是它很少出现在紧邻 record 的位置上：

He set the junior record in 1990.

set 与 record 也可以另一种完全不同的形式搭配，如 Just to set the record straight。事实上，set the record straight 是很牢固的搭配，类似于词块。它同其他经常与 record 搭配的 for the record、off the record 和 on record 一样，在词典中有单独的词条。

搭配是词汇关联程度由强到弱的连续体中的一部分。按照关联程度从强至弱，这个连续体从复合词（second-hand、record player）开始，中间是多词单位或词块（bits and pieces），包括习语（out of the blue）和短语动词（do up），然后是或多或少有些固定关系的搭配（set the record straight、set a new world record）。

在下面的文段中包括一些较为常用的搭配和多词单位，其中搭配用下划线标示，更固定的多词单位用斜体标示：

A <u>record number</u> of 54 teams will be competing in three sections as the Bryants Carpets Intermediate Snooker League *gets underway* <u>this week</u>.

<u>Once again</u> all three sections are *likely* to be very <u>closely contested</u>. In Section A，<u>defending champions</u> Mariner Automatics，captained <u>once again</u> by the most successful skipper in the league，John Stevens，will be *the team to beat*.

The <u>biggest threat</u> is likely to come from Grimsby Snooker Club A，and P and J Builders who will have Steve Singleton *at the helm* for the <u>first time</u>.

从这个文段中不难看出，词汇的选择受到词前和词后部分的严重限制。这可能是词汇系统中最难以捉摸的部分，因此对于学习者来说也是最难学习的。即便只是轻微的调整——用近义词（加下划线的部分）替换搭配中的一个词——也会使文段成为不规范的英语。

第二节　词汇的呈现与运用方法

词汇呈现是词汇教学的首要环节，对英语教学的效果有着直接的影响。如何有效地呈现教材中的词汇，是广大教师在教学中时常遇到的难题。

一、词汇的呈现

（一）概述

许多学习者报名参加语言课程是因为期待将语言呈现给他们，而不用他们自己出去找机会接触语言。这里的呈现是指在预先设计好的教学环节，教给学习者预先选定的词汇。当然，在其他教学时间也有随机的词汇教学，例如当课文或讨论中出现不熟悉的词汇时，很多问题也与非正式的词汇教学有关。学习者至少需要学习新词汇的词义和形式，但是，词汇的这两个方面要以紧密结合的形式呈现，以确保词汇的词义和形式之间牢固的对应关系。呈现词汇的形式和词义的间隔越大，学习者在两者之间建立联系的可能性就越小。

比如，教师决定要教一组有关联的服装类的词汇：shirt、trousers、jacket、socks、dress、jeans。教师会有多重选择，首先就是呈现多少词汇的问题。这要由以下因素决定：

（1）学习者的水平（初级、中级或是高级）；

（2）学习者熟悉这些词汇的可能性（即便这些词不是学习者主动学习的词汇，他们以前也可能见过这些词）；

（3）词汇的难度，例如，它们表达抽象的意义，而不是具体的意思，或者它们的发音难不难；

（4）它们的可教性，例如，这些词是否容易解释或演示；

（5）学习词汇的目的是为了语言输出（在口语或书面表达中），还是只为达到能识别的目的（在听力和阅读中）。由于前者需要更多的时间，因此相对呈现识别性词汇而言，其呈现词汇的数量要少。

另外，呈现新词汇的数量不要超过学习者记忆词汇的能力；也不要在课堂中过于深入地呈现词汇，以至于没有时间运用这些词汇。

教材一般遵循的原则是，词汇呈现不超过 12 个。下面是一本小学教材中呈现服装类词汇时列出的词：

a jumper、a shirt、a T-shirt、a dress、a skirt、a jacket、a suit

a tie、trousers、jeans、trainers、shoes、boots

使用这些教学方法的教师运用放松和暗示的技巧，使学习者预先接受大量的输入，包括在一节课中向学习者逐步呈现数以百计的词汇。在教学中运用一些人类记忆的基本原则或许可以扩展教材中已设定的有些保守的教学目标。决定了要教的词汇的数量后，接下来关于词汇呈现顺序的选择有两种：一是先词义，后形式；二是先形式，后词义。

比如，在第一种情况下，教师可以举起一张衬衫的图片（词义），然后说 It’s a shirt（形式）。在先形式的呈现方式下，她可以说几次 shirt 这个词，让学生跟着重复，然后才指向图片。这两种方式都是有效的。有一种观点认为，先呈现词义会创造了解形式的需要，这样会开启一个适当的心理“档案”，因此使呈现更有效，也更容易记忆词汇。但是，如果词汇是通过某种语境呈现的，先形式的呈现方式会最有效，这样，学习者就可以自己试着猜测词义。

下面这些选择与呈现的方式有关：

（1）翻译

（2）实物

（3）图片

（4）动作 / 手势

（5）定义

（6）情境

（7）口头形式

（8）书面形式

以什么样的顺序（如先口头后书面）、多久（如直到口头形式已经得到充分学习再呈现书面形式）呈现。

还有关于学习者参与度的决定。例如：

（1）教师需要自己呈现词义和形式吗？

（2）教师需要呈现词义，引导出形式吗？

（3）教师需要呈现形式，引导出词义吗？

（4）学习者需要重复形式吗？如果需要，在什么时候？

（二）运用翻译

翻译曾经是使用最为广泛的呈现词义的方式，翻译的优势在于它是告知词义的最直接的方式——这种方式假设的前提是目标词汇和一语词汇之间存在紧密的对应关系。因此，这种方式节省时间，特别适用于应对课堂中突然出现的随机词汇。然而，正如我们曾讨论过的那样，过度依赖翻译可能意味着学习者会失去发展独立的二语词库的机会。他们总是通过一语对应词的中转才能使用二语词汇，而不是直接使用二语词汇。而且，由于学习者不需要花费很大力气来获取词义，因此可能很容易遗忘这些词，正所谓“不劳而获”。但是，也有很多可以将翻译融入其中的词汇呈现方法。下面是 3 段假想的片段。在这 3 个例子中，教师和学生的母语都是西班牙语，教师在教有关服装的词汇。

(1) TEACHER：En inglds pantalones se llaman trousers. Trousers. Ahora，todos juntos…[In English pantalones are called trousers. Trousers. Now，all together…]

STUDENTS：Trousers.

(2) TEACHER：Does anyone know the English for una camisa ？ No ？ Listen，it's a shirt. Shirt. Repeat.

STUDENTS：Shirt.

(3) TEACHER：What's this ？ [pointing to picture of a dress]Do you know what this is in English No ？ Listen，it's a dress. Dress. Repeat.

STUDENTS：Dress.

TEACHER：How do you say dress in Spanish ？ Marta ？

MARTA：Falda.

TEACHER：That's right.

在第一个对话片段中，教师用的都是西班牙语。这样完全剥夺了学习者获取二语输出的珍贵机会。而且，这里几乎没有让学习者参与进来的机会，只是让他们跟读了几遍。在第二个片段中，除了用一语词汇介绍词义外，教师只使用了英语（目标语言）。这样，学习者接触英语的机会要比只学习目标词汇多得多。在第三个片段中，词汇的呈现全部用英语，只是用西班牙语检查学习者是否理解了词汇。

（三）展示词义

使用实物教具、图片和演示是直接法的一种定义手段。很明显，如果要呈现一组实物词汇，如服装类词汇，可以用图片展示或者用实物演示代替翻译的方法。这种方法可以使用实物（称为实物教具）、图片或者手势。

直接法是相对于语法翻译法这样要求高度智慧的语言学习理论而发展起来的一种教学法，它拒绝使用翻译。例如，下面给教师的建议就选自一个流行于 20 世纪 40 年代的使用直接法的课程。

下面是怎样教实物名称的一般步骤。首先，教师选择一些实物，比如 10 ~ 20 个一组。这些实物可能是：

（a）通常可以在上课的地方找到的，如门、窗户、刀、火柴、书，或者身体的部位、衣服的款式。

（b）特别为上课而收集的，如棍子、石头、钉子、一段电线、一段线绳等。

（c）用图片表示的，如印制在图卡或者挂图上的，或者在黑板上画的草图。教师依次展示或者打印出每个实物，并说出它们的名字。他清晰且自然地说出它们的名字 3 ~ 4 次。当学生们已经有足够的机会听到这些词汇和句子并掌握了它们的意思后，叫他们说出这些词汇和句子。最开始的时候，他们可以跟着教师重复。

这种方法也是一种被全身动作反应法的实践者倡导的技巧。利用上课时教室的即时环境和能够带到教室中的物品，目的是要模仿学习母语的经历。一个应用全身动作反应法的课堂通常包括教师示范动作，运用实物，然后让学习者按照指令做相同或类似的动作。典型的课堂指令有：

Point to the apple.

Put the banana next to the apple. Give the apple to Natasha.

Offer the banana to Maxim. etc.

视觉的辅助教具可以有多种形式：大卡片、挂图、可以通过投影仪投射在白板或墙上的幻灯片和黑板上的画。许多教师从杂志、日历等处收集自己的大卡片集。下列词汇类别的图片特别有用：食物和饮料、服装、房屋的内部和家具、景观和外景、交通工具，外加大量人物图片，人物图片可以进一步按照职业、国籍、运动、活动和外表进行细分。这些图片不仅可以用来教生词，还可以用来练习词汇。

如果运用一些基本的记忆原则，包括分段练习的原则，还可以进一步提升图片或实物在词汇教学中的作用。例如，教一组服装类词汇（10 个），要不断回顾前面已经学过的词汇，而且最好以不同的顺序进行回顾，如下所示。

呈现 shirt，呈现 jacket，呈现 trousers，复习 shirt，复习 trousers，呈现 dress，复习 jacket，呈现 sweater，复习 dress，复习 shirt，呈现 socks. etc.

学习者按照自己的节奏学习是另一项有效的记忆原则。这样，他们可以构建自己的关联，思考个性化的、符合词汇难度的记忆策略。这些对独自学习或小组学习比较容易实现。但是在教师引导的词汇呈现过程中，留出适当的停顿，学生就有时间赶上来，并进行回顾。

这里列举了一些使用大卡片的教学活动。

（1）教师每次出示一张卡片，引导学生说出或者自己说出卡片代表的词汇。教师不时地从头展示这些词汇，改变顺序。最后，将所有卡片粘贴到黑板上，在卡片旁边写出这些词汇。

（2）将一组图卡（例如服装）粘贴到黑板上，标出序号。让学习者就他们不熟悉的词汇提问。例如，What's number 7？在教师给出答案前，看看其他学习者是否知道答案。当学生充分熟悉了所有词汇后，用“What's number 9？”等问题提问所有的词汇。翻转卡片，每次翻一张，让学生看不到图画，检查学生是否记住了，可以再问“What's number 9？”最后，在黑板上每个卡片旁写出词汇。

（3）将一组卡片粘贴在黑板上，允许学习者使用双语词典查出它们代表的词汇。然后，他们可以将词汇写到图片旁边。

（4）学生组成两人或三人小组，给每个小组发放一组卡片。他们可以使用双语词典查出每个图片表示的词汇。然后，每组的代表可以使用视觉辅助物教班里其他学习者学习他们查到的词汇。

（5）向全班展示一张包括多种物品的挂图或者大画（例如街景图或者机场的画面），但是只展示很短的时间，例如 10 秒钟。学生独自或两人一组用英语尽可能多地写出他们看到的画面中的事物名称。学习者可以使用词典。再次展示图片几秒钟，让学习者扩展他们的词汇列表。最后，展示图片进行检查：写出最多正确词汇的个人或小组获胜。

（四）解释词义

借助实物教具、图片和演示进行学习的词汇是有限的，而借助于语言，用其他词汇解释新词，这就是词典的原则。

用语言而不是图像弄清词义的方式包括提供一个示例的情境；给几个例句；给出同义词、反义词或上位词；给出完整的定义。上面几种方式可以结合起来使用，也可与在黑板上画画或者用动作演示这类视觉方法结合起来使用。尽管用语言解释可能比翻译、图示或者动作演示的方法稍显耗时，但是它的优势在于学习者能够获得额外的、免费练习听力的机会，同时，由于在理解一个词的意思时，要付出的努力稍多一些，学习者可能会在认知上更投入些。显然，当用一些词去解释其他词汇时，那些用来解释的词一定要符合学习者目前的词汇范围。

情境呈现法是通过呈现一个场景，将目标单词(或多个词汇)融入场景之中。下面是一个教 embarrassed / embarrassing 的语境。

Catherine saw a man at the bus stop. His back was turned but she was sureit was her brother，so she tapped him on the shoulder with her umbrella and shouted “Look out！ The police are after you！ ” The man turned around. He was a complete stranger. She was terribly embarrassed. It was a Veryembarrassing experience

用图片、板画或者动作来强化这个词汇的意思，能使词汇易学，而且易于记忆，不过更加容易记忆的是直接来自教室里的人经历过的情境——教师或者学生的经历。教师可以向学生讲述她自己的尴尬故事，然后让学生说说他们的经历。在这段相对长的时间里，学生只学到了一两个词。但是，在这个过程中，额外的、免费的听说活动使这段时间显得有意义。

除了情境呈现法外，还可以给学生呈现例句。每个给出的例句都是文中目标词汇的典型例子。这与词汇索引的使用方式相似。通过例句的累积效应，学生会用归纳法推测目标词汇的意思：通过例子进行猜测的心理过程。尽量根据学生的需求，让他们多听这些句子，直到他们充分地自信，敢于说出答案。根据上课班级的学生母语相不相同，教师可以接着引导出目标词汇的母语翻译，或者引导学生给出同义词或定义。使用这种方法的一种好处是学习者可以多次听到这个词，从而增加将词留在记忆中的可能性。另一个好处是，学习者听到这个词应用于各种典型的情境中（而不仅仅在一个语境中），因此，他们会开始感觉到它的使用范围和常用的搭配（如 fancy a drink）最后，学习者可以获知这个词的形式和语法——例如，它（如果是动词）是不规则动词或及物动词，或者它（如果是名词）是可数名词。教师似乎需要做大量的准备工作，但是查找词典和语料库来寻找在语境中使用目标词汇的例子会减少备课的时间。

如果要使用更为详尽的定义，例如词典中的定义，教师和学习者都需要付出更多的努力。定义法的一种变化形式是呈现分层的定义，即将定义分为几个短的叙述，每个叙述中都含有目标词汇。这和前面提到的用例句呈现的方法有些相似，但不同的是这里的句子是组成较长定义的独立的句子。例如：

If you feel petrified you are very very frightened. Someone can be petrified by fear. Petrified literally means turned to stone. Petrified woodis wood that has become stone. In some places you can see petrified forests.

这样，词义和暗含的词义就会一点一点地构建起来。这样做还有一个好处：学习者不仅在语境中听到目标词汇，而且还是反复听到这个词（在上面的例子中，目标词汇出现了 5 次）。

在实际教学中，多数教师会运用情境、同义词、例句等不同方式呈现词汇的意思。下面是一节课的一段摘录。在这段摘录中，教师使用多种方式（包括使用学生已经熟悉的词汇）来解释 petrified。

T：OK is anyone very frightened of ghosts？ Would you be frightened if you saw a ghost? Frightened. OK，I know if I saw，for example，if I saw a ghost，there is one feeling I would feel. I would feel frightened.

[writes]But even more than frightened，how would you feel if you saw a ghost？More than frightened，stronger，than frightened.

Ss：Terrified.

T：Good，terrified. [writes]Terrified. Anything even stronger than terrified？A word in English. Even，really，you're so frightened you're…

Ss：Scared？

T：That's not，that's the same as frightened. There's something that's strongar.

Ss：Astonished.

T：Astonished. Astonished is a little bit more like surprised. I think-terrified；there's an even stronger word，which would be petrified. [writes]And it means when you are so frightened that you can't speak，you can't think，and you can't move. You're absolutely petrified. And I think if I saw a ghost I would probably be[laughs] probably be petrified，being the rather pathetic soul that I am.

最后，有一点需要强调，学习词汇的意思（或者也可以说学习任何事）都是一个渐进的过程。即便是学习母语，也会经历一段长时间的懵懂状态才能自如地运用某个词。在学习者刚刚接触某个词时，教师就期待他能够明晰它在词义上的微妙之处，似乎是过高的要求。最好能让学习者对词义的大致方向有个定位，同时培养他们进一步探究该词词义的兴趣和技能。

（五）强调形式

词汇的发音和词义决定了它们在心理词库中存储的方式，发音相似的词容易产生混淆（如将 trampoline 记成 tambourine，将 kitchen 记成 chicken）就可以说明这一点。因此，不难发现，强调一个词的口头形式对于确保能够恰当地记忆这个词有重要意义。这也就反过来说明，要让学习者注意词汇的发音。词汇最初是按照它们的全音节结构和重音来记忆和回忆的。由于 tambourine 和 trampoline 的外形相似，而只有一些单音不同，因此容易弄混。这说明，强调词汇的重音和外形有助于保持记忆中的词汇。

教师也可以让全班同学发现重音节。“Where's the stress？”就是一个很好的提问问题，可以让学生熟悉这种提问。一种介绍重音概念的方法——例如，在第一节课上——让学生说说自己的名字中有多少个音节，哪个音节是重音节。（当然，如果名字只有一个音节，那这个音节就是重音节。）在练习—重复这种方法中，学习者要习惯重复新词汇（无论是全班一起的，还是独自的），就像听说法那样。近来，对新学语言（特别是语法结构）进行简单重复的价值受到了质疑。有些人认为，要求“动口”会分散“动脑”的认知过程中的注意力。如果有任何事干扰或者打断发音环路，我们都会快速地忘记那些词汇。这就表明，在学习者听到一个新词汇和说出这个新词汇之间留出两三秒的“处理”时间，可能会有益于延长词汇在记忆中保持的时间。鼓励默读的方式是一种被称为咕哝练习的方法。在教师的指导下，学习者咕哝或者小声说出词汇。他们可以按照自己的节奏，只念给自己听就可以。有证据表明，默读是成功的学习者自然运用的技巧。因此，它或许也适合课堂练习。

有很多强调词汇口语形式的方式，基本的方式有听力练习、口头练习和板书。在了解了新词汇的词义后，教师可以用听力练习对它进行示范。练习是对任何短小的语块的重复。在这里，就是指由教师进行重复，以使学习者熟悉词汇的语音特点。通常，这需要清晰而自然地念出单词（或多个词汇），而且在开始前，还常常给出像“Listen...”这样的提示语。这个过程要重复 2 ~ 3 次。为了吸引学习者注意音节结构和重音，还可以在示范的过程中使用一些视觉刺激，如用一只手的手指代表不同的音节。然而，拖延输出的时间可能会令学习者沮丧，他们的直觉常常是自己试着重复一个词。对于词形来说，学习者感觉最好的就是能够将它说出来，即便教师的目的只是为了能够识别词汇。因此，让学习者先默读词汇，再以全讲朗读或自由朗读的形式读出新词，即练习，可能比较合适。

用音标符号还会避免潜在的发音—拼写错误匹配的负面效应。当然，这是基于学习者熟悉音标的前提。如果他们对音标不熟悉，他们可能会被额外的学习任务吓到，特别是如果他们还正处在熟悉罗马字母的阶段（有的学习者的母语可能是另外一种字母）。而另一方面，音标不难理解，特别是读起来并不难（与书写音标相反）。多数辅音都是容易辨读的，因此，学习音标的主要任务是了解许多的英语元音是怎样发挥作用的——如果需要的话，可以通过若干课时来实现。所有好的学习词典都使用标准音标，这意味着运用词典来完成关注语音的活动可以进一步强化音标的学习和使用。

学习者需要见到一个新词汇的频率应该是多少次呢？传统上，人们认为过于频繁地接触书写形式会打乱正确的发音习惯。这一点对于英语来说尤为突出（这种观点是有争议的），发音—拼写的匹配是完全不可靠的。能够完全正确地说出 cupboard、suit 和 island 这几个词的学习者，如果只是听过这几个词的发音，在见到这几个词的书写形式后，反而常常将它们发音为“cup-board”“sweet”和“is-land”。基于这些原因，过去常常是在学习者充分熟悉了词汇发音形式之后才呈现其书写形式。但是，与之相反的观点却认为，由于学习者最终会见到书写形式，因此直接处理发音—拼写的误匹配问题比延后解决会更好些。毕竟，学习者在第一次听到新词汇的时候，就可能形成这些词汇的拼写形式的心理表征。因此，这种心理表征最好是准确的。而且，英语中的发音—拼写不匹配的特例总是被夸大。的确，有一些拼写（ough 一类的拼写是人们最常提到的）是特别难把握的，但是绝大多数英语词汇还是符合相当小的一系列规则的。抛开这个问题的话，先不呈现拼写形式，还会剥夺学习者自己观察这些规则的机会。因此，在听到一个新词汇后，马上让学习者试着拼写它或许是一种有用的策略（如果先见到词汇的书写形式，让学习者试着发音）。如果他们这么做有困难的话，教师可以提示他们，让他们回忆已经学过的发音相似或拼写相似的词汇。

相对于口头形式，从书写形式中更容易发现词汇词义的关键线索。在口语中，容易产生语音的连音，甚至是完全吞音，即便仔细地读像 handbag 这样的词，也会发得像 hambag 的音，而 police station 的音会发为 pleestation。缺少了关键的语形信息（就像 hand 和 police），学习者就无法建立新词与任何知识之间的联系，或者无法将它“归类”，因此就会觉得不好理解，不容易记忆，学习这个词就要花费更多的精力。一旦学生见到他们努力要弄明白的词的书写形式，许多有经验的教师都会发现学生由于认出了这个词而在脸上表现出惊讶的表情。不让学生见到书写形式结果可能会适得其反。

二、词汇运用方法

词汇运用方法能帮助学习者将新学词汇融入他们心理词库的课堂活动，这些活动背后有些重要的关键原则，吸引学生注意新学词汇的游戏通常是通过猜词和词汇分类的方式激发学生回忆词汇。

（一）新知识的融入

新知识（也就是新词汇）需要融入已有的知识，即学习者已有的词汇关联网络。正如我们讨论记忆时谈到的那样，如果就新词汇做很多深入的决策，这个词就更容易融入网络。按照传统，呈现了新的语言项目之后，要马上对它们加以练习。通常，这样的练习是以某种口头重复的形式展开的，例如操练。这种机械练习背后的理念是人们公认的信念——“熟能生巧”。但是，仅仅重复新学的词汇并不能保证这些词能从短时记忆转移到永久记忆中去。词汇需要存储于工作记忆中，并进行不同的运用。这些运用包括将词汇摘取出来，再还原回去，词汇比较，词汇组合，词汇匹配，词汇分类，以可视形式呈现词汇再打乱顺序，以及反复归类和回忆（因为词汇回忆的频率越高，回忆就越来越容易）。

（二）做决策的任务

教师可以使用多种不同形式的任务帮助学习者将词汇转到长时记忆中。其中，有些活动比其他活动更需要动脑筋。也就是说，这些活动在认知水平上要求更高。对于一组词来说，能应用的任务种类越多越好。学习者就词汇做决策的任务可以分为以下几种类型，按照认知水平要求由低到高，大致可以排列为辨识、筛选、匹配、分类、分级和排序。换句话说，在辨识类任务后，可以进行匹配任务，接下来是分级任务。

辨识词汇就是指在词汇可能被“隐藏”起来的地方，例如在语篇中找出这些词。下面是一些与 Fear of Flying 的课文相关的辨识类任务。将课文发给学习者，并让他们：

（1）数一数课文中 plane（s）和 train（s）出现的次数。

（2）找出课文中与 flying 相连的 4 个词汇。

（3）在课文中找出 5 个动词短语。

（4）在课文中找出 8 个形容词比较级。

（5）给课文中所有以 -ing 结尾的词加下划线。

让学生读课文，然后将有课文的那一面翻过去，并问：

（1）“下面的词在课文中出现了吗？”

busy crowded fast dangerous uncomfortable

dirty convenient inconvenient noisy

（2）“现在，核查课文，看看你们的回答是否正确。”

通过听口头文段或者录音文段识别特定词汇也是一种辨识活动。下面是就这篇文段可进行的一些辨识任务：

OK, that's Mr Brown. He's wearing a jacket and trousers, notie, and he's talking to the woman with the long dark hair, she's wearing a black dress. Now Mrs Brown is over there. She's wearing a skirt and a blouse. and she's talking to at all man with fair hair. Yes, there he is, he's over in the corner. He's wearing jeans and a T-shirt, he's the one with very short hair.

学习者重组字母顺序（例如 utis、snaje、eti，正确的字母顺序是 suit、jeans、tie）或者在词汇场中找词的活动也是辨识类的任务，如下所示（见图 2–1）。

What are these clothes in English?

The answers are in the wordsquare.

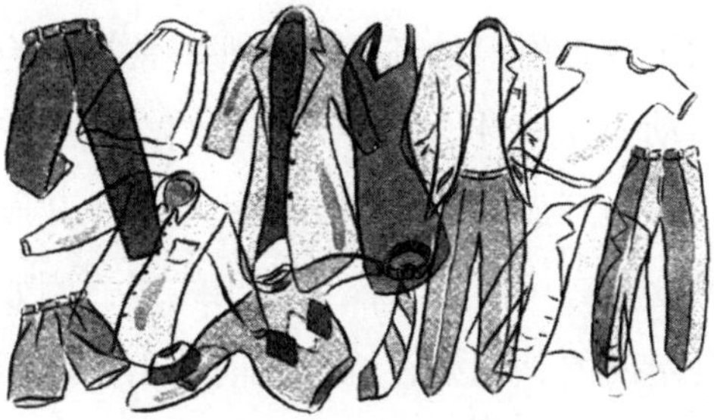

S	H	I	R	T	O	S	I
J	A	C	K	E	T	H	L
A	T	C	J	N	J	O	T
T	R	O	U	S	E	R	S
J	D	A	M	W	A	T	H
E	X	T	P	U	N	S	I
O	D	R	E	S	S	J	R
S	K	I	R	T	U	P	T
S	U	S	U	I	T	J	E

图 2–1　重组字母顺序

筛选任务在认知水平上比辨识任务复杂，因为这类活动不仅包括识别词汇，还包括在词汇中做出选择。像下面“选出不同的一个”这类活动（仍以衣物类词汇为基础）就是筛选类任务。选出每组中不同的一个：

（1）	trousers	socks	jeans	T-shirt
（2）	blouse	skirt	tie	dress
（3）	T-shirt	suit	shorts	trainers

etc.

这类活动不是必须有正确答案，重要的是，无论学习者怎样回答，只要他们能够说明选择的理由就可以。这里，重要的是认知的过程，而不是正确的答案。

（三）输出性任务

做决策的任务从原则上讲是接受性的：学习者就词汇做出判断，但没有进行词汇的输出。输出性的任务是从要求学习者将新学的词汇运用到某种口语或者写作的活动中开始的。当然，可以进一步让学生谈论他们的决定，将这个任务简单地转变为输出性任务。

这类活动可以分为两种主要类型：补全型——补全句子或语篇，创造型——造句或写语篇。补全句子或者语篇的任务是指那些常被称为填空的任务，通常是写作任务。由于这种活动容易设计、好评分，它们常被用于测试中。这类任务有多种形式，但基本可以分为开放式填空和封闭式填空。开放式填空需要学习者调动他们的心理词库来补全空白（尽管可能会给出线索，例如单词的首字母）。而封闭式填空中的词汇是给出的，例如在练习之前给出要填词汇的列表。学习者要做的只是决定哪个空该填哪个词。

下面是一些开放式和封闭式填空任务的指示语：

（1）在每个空处写一个适当的单词，补全短文：“Greta Garbo，the Swedish-born film_____, was born in 1905. She won a scholarship to drama school，where she learned to _____. In 1924 a film director chose her for a_____in a Swedish film called…”

（2）从列表中选择最佳词汇补全句子，每词只用一次。

（3）从列表中选词补全句子。请注意：给出的词汇比句子数量多。

（4）从你刚读完的文章中找词，补全下列句子。

（5）选择最佳词汇完成句子：

When I feel tired，I can’t stop.

① sneezing

② yawningc

③ oughing

④ weeping

etc.

在补全性任务中，上下文是给出的，要做的只是将正确的词填进去。但是，创造句子和语篇的任务则需要学习者就给定词汇创造语境。

下面是一些常见的任务指示语：

（1）用下面的每个词造一个句子，所造句子要清晰地表达这个词的意思。

（2）从列表中选择 6 个词汇，用每个词写一个句子。

（3）用下列词中每个词写一个关于你自己或者你认识的人的真实句子。

（4）写一篇短的记叙文（或者对话），其中至少包括下列词汇列表中的 5 个词。

这类任务会自然地导入口语活动——大声朗读或向全班表演对话，或者两人或多人小组对比和解释句子。这些任务中包括很多促进长时记忆的活动，例如演练、重复和解释。不是所有创造性活动都要从书写任务开始。这里有一个口语任务，要求学习者用预选出的词汇造句：

Work in pairs. Ask and say how you feel about your town or village.

I love it. It’s all right，I can’t stand it.

Which of the following adjectives can you use to describe your town orvillage？

Can you explain why？

I find it boring because there’s nothing to do in the evenings.

interesting boring annoying depressing frightening marvellous beautiful peaceful noisy lively

使用调查问卷是一种很好的运用词汇进行“问—答”交流的方式。很多词汇都适用于问卷或调查。前面例子中的词汇就可以用于问卷或调查。学生准备一个调查，可以模仿下面的例子：

Is your hometown boring or interesting？ Why？

Do you find big cities：depressing，interesting，lively or noisy？ Why？ etc.

然后，让他们相互询问准备好的问题，并用完整的句子向全班汇报结果，例如，Mario thinks his hometown is interesting because it has a lot of historical monuments。

（四）词汇游戏

语言游戏，包括词汇游戏，有相当长的历史。所有文化中的儿童都喜欢玩“找一找”（I spy...）或者“字母游戏”（Hangman）类的游戏。而且成人的词汇游戏也有着悠久的传统，有些成人词汇游戏被改编为电视节目。因此，鼓励学习者记起词汇，而且最好是快速记起词汇的游戏会比较有效。还有，符合学习者多就词汇做决定这一原则的游戏也是很好的游戏。

多数一语的词汇游戏可以顺利地转化到二语课堂中。最有用的游戏是那些与第 33~34 页所列的学习原则一致的游戏。例如，越能经常成功地从记忆中“唤醒”词汇，就越容易想起这个词。“词典赛”（dictionary race）就是一个有用的游戏。在这个游戏中，学生先将词汇按字母顺序排序，然后按照词性区分，再分为不同的词群——最先正确完成所有三项任务的小组获胜。但是，由于许多词汇游戏只是处理独立的词汇而不是在语境中使用词汇，而且就学习者而言，也只需要浅层次的加工过程，因此要谨慎地使用这类游戏。例如，在“字母游戏”这个游戏中，花在一个脱离语境的单个词汇上的时间就要与本章前面提到的更具有产出性的、在语境中展开的、具有认知深度的活动进行权衡。通常，游戏是用作课堂的插空活动，如果有更多语言丰富的对话，课堂会更有效。然而，游戏的趣味因素可以使词汇更容易记忆。而且，不管你喜不喜欢，竞争因素往往能激发学生（甚至是最不活跃的学生）的学习兴趣。

下面就是一些可以尝试的词汇游戏。列举的虽不是词汇游戏的全部种类，但也代表了一些游戏的类型。其中猜词类的游戏是最受欢迎的。如果能够谨慎使用，将词汇放在游戏中会是一种既有效又有趣的运用词汇的方式。

（1）井字游戏：在黑板上画两个井字格，如图 2–2 所示。

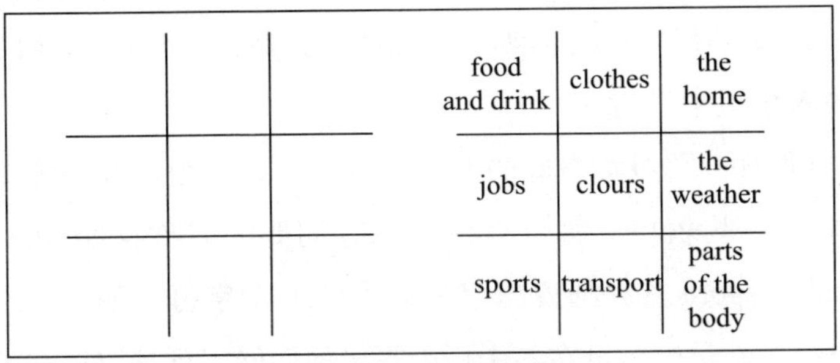

图 2–2 井字游戏

将全班分为两队：纵列和横排。一个井字格是空的；在另一个井字格的每个空处填入一个类别，或者 9 个不同的短语动词的小品词（up、on、off、back 等），或者 9 种不同的词缀（un-、non-、-less、-tion 等）。准备一些与各个类别相关的问题。例如（如果学生的母语相同）：How do you say “tamburo” in English？或者 What is the opposite of “shy”？目标是轮流选择一个类别，然后正确回答这个类别的一个问题，这样就能在空白的井字格中相应的位置放上他们队的标志。最先将三点连为一线（无论是纵向、横向或是对角线）的队获胜。

（2）看图猜词：这个游戏是基于同名的商业游戏而来的，有助于复习习语表达法。学生分成小组，小组中每个成员都要轮流当“艺术家”，学生看图猜单词或者短语。举例来说，如果有 3 个小组，就要有 3 位“艺术家”站到教室的前面。教师用一张卡片向这 3 个人展示一个词（或者短语）。经动作暗示后，他们迅速返回到自己的小组，并通过用纸和笔画画让他的小组正确地猜出那个词。最先准确猜到的小组得 1 分，然后 3 个新的“艺术家”站到前面来，开始新一轮的游戏。例如，green with envy、down in the damps、under the weather、in the dark、over the room。游戏结束时，各小组可以在图片的提示下回忆并写下游戏中出现的表达法，然后用它们造句，展示它们的意思。

（3）咖啡壶游戏：这是一个猜词的游戏。一名学习者想一个动词，或者教师悄悄地告诉他一个动词，班里（或小组）其他学生用一般疑问句向这名学生提问，这名学生进行回答。在提问中，用 coffeepot 代替猜测的动词。例如，学生可以问 Do you coffeepot indoors or outdoors？ Is coffeepotting easy or difficult？ Can you coffeepot with your hands？等。如果那名学生选择的动词是 yawn，那么答案就会是 Both indoors and outdoors. It’s easy. No，you can’t， but you might use your hands… 如果要降低游戏的难度，那么可以在黑板上列出备选的动词，例如列出 20 个动词，被问的学生要从列表中选择词汇。这个活动也可以在两人小组中进行。

（4）分类游戏：学习者组成两人小组或者多人小组。按照黑板上的模式，在一张纸上画出一些表栏，每个表栏都标有词群的名称：如 fruit、transport、clothes、animals、sports。教师说出字母表中的一个字母（如 B），在限定的时间内（如 3 分钟），学生尽量在各个栏中写出他们能想到的以该字母开头的单词（banana，berry，bus，bikini，blouse，bear，bat，baseball，basketball…）。写出最多且正确单词的小组获胜。

（5）词汇竞赛：将全班分为若干组，给每个小组一支白板书写笔（或者一支粉笔），将书写板划分为与小组组数相同的份数。教师（或者特别选定的学生）说出学生母语中的一个词，第一个在黑板上写出正确的英语翻译的小组得 1 分。游戏时间长短可以根据需要复习的词汇数量来决定。这个游戏适合学生母语相同的班级，也可以稍作变化，使用在多语种的班级——可以将任务设置为读出词汇的定义、给出同义词或者展示图片，而不是给出翻译。

（6）背对黑板：这也是一个猜词游戏，但是这次被选中的学生要通过向班里其他同学问问题来猜词。这位学生面向全班坐着，背对着黑板；教师在黑板上写一个最近学的单词、短语或者习语，那名学生看不到教师所写的内容。学生问不同的一般疑问句或者选择疑问句来猜测词汇。例如，Helga，is it a verb or a noun？（A verb.）Dittmar，is it an action？等。如果要简化游戏，可以在某些方面对备选词汇进行限制。例如，全部是短语动词，或者全部是描述性格的形容词等。

（7）词汇联系：使用单词卡片，可以从课堂词汇袋或者词汇盒中选取。学生分成小组，小组人数不要太多，每个小组收集尽可能多的成对的单词。一位游戏者摆放两张单词卡片，面朝上，以便每个人都能看到。第一个想出怎样联系两个词的办法的人可以得到这两张卡片。然后，再放上两张卡片。词汇的联系可以是相同的词性、同义词或反义词、相同的词群或者只是可以用这两个词造一个有意义的句子。如果不能建立联系，这两个词就被放回去洗牌。当建立的联系有争议时，由教师做出决定。

（8）拼写竞赛：将书写板分为两部分，将全班分为两队，每个队派一名代表站在书写板前，给每个代表一支白板书写笔或者粉笔。教师用卡片向全班其他同学展示一个单词，但是两名代表看不到卡片。各小组必须同时给他们的代表拼出（而不是说出）这个词。第一个在书写板上正确写出单词的组得1分。接下来，各组由不同的学生轮流担任代表。这个游戏实际操作起来会有一定难度，特别是当选择的词汇中有易混淆的字母时，例如i和e，v和b，J和g。这个活动还有许多种不同的玩法。可以用一幅图片来呈现词汇，这样的话，各个小组在进行拼写前就要决定应该是哪个词。

（9）击掌说词：学生站成一圈或者坐成一圈，在教师的引导下，保持四拍的节奏——两手拍大腿三次（1，2，3），然后拍手（4！）。游戏开始的时候要慢一点，拍手的速度可以逐渐加快。游戏进行的方式是按照顺时针方向，依次在第四个节拍时，大声说出预先选定的词群（例如，水果和蔬菜的词群）中的词，所说的词不能重复。任何说了重复的词或打断节奏的人，或者什么都不说的人将被“淘汰”，余下的人重新开始游戏，直到最后只剩下一个人。教师可以在关键点更换词群，并大声说出新词群的名称，如Furniture、Nationalities、Jobs等。

第三节　词汇测试方法

测试可以是非正式的（如有规律的阶段进步测试），也可以是正式的（如学期末的成就测试）。进行分班时，测量词汇量也是有必要的。好的测试会产生积极的反拨作用，它们会促进好的学习策略。

一、词汇测试的意义

测试能够为学习者和教师提供一种反馈，如果不测试，就没办法可靠地获知教学程序的有效程度。而且，测试有反拨效果：如果学习者知道要进行词汇学习测试，他们可能会更认真地对待词汇学习。测试会激励学生为准备考试而复习词汇。测试还会推动测试后的进一步复习——例如，教师在班里公布答案。因此，测试通常被看作词汇复现的一部分。事实上，很多复现性练习和测试之间唯一的区别就是后者是被评分的。

下面这个例子是一本教材中的一个复习活动，它也可以变成考试题目。这种非正式的测试应该定期地进行。事实上，理想状态下，应该在下一课开始的时候测试上一课的词汇。如果不能这样做的话，记住新词汇的机会就会大大降低。

更正式的测试需要在课程的某些关键阶段进行。在开始计划课程前，词汇知识的测试是安置测试或是诊断性测试的组成部分。这类测试通常是要测量词汇量。还有在课程结束时的成就测试和由校外人员主持的各种水平测试。有时，由于阅读和词汇间的紧密关系，在阅读能力测试中也将词汇知识作为测试目标。最后，学习者不断发展的词汇知识和他们对词汇策略的运用是一些以研究为目的的测试（特别是那些教师可以自己在课堂中进行的研究）的主要内容。分段练习的原则是复习的间隔要逐渐拉长。这就需要教师有规律地记录他们的词汇输入，并在最理想的时候测试词汇。非正式的测试形式可以是让学习者使用他们的词汇笔记本或是全班词汇盒进行互测。

二、词汇测试内容

掌握一个词汇意味着知道下面这些内容：

· 词的形式——口头的和书面的
· 词汇的意思（或者多个意思）
· 词汇可能带有的内涵意义
· 词汇在某种文体风格中是否具有特殊性
· 词汇的语法特征，例如词性
· 词汇的常见搭配
· 词汇的派生词
· 词汇的相对频度

所有这些词汇知识都可以通过输入性（听和读）或输出性（说和写）的活动得到运用。因此，任何词汇测试都需要考虑到词汇知识的多维特征。多数词汇测试只关注词汇知识的一两个方面。例如，表 2–1 分别测试了拼写、意思和搭配。

表 2-1　词汇测试表

Teacher：Write down these words. Number 1，condent. Number 2，independent. Number 3，expectant. Number 4，reluctant，etc.
Write the English word that means：1. a place where you go to buy meat；2. the person who repairs your kitchen tap if it leaks；3. the thing that you buy at a post office if you want to post a letter；etc.
Choose the best word to complete each sentence： 1. The flight attendant asked the passengers to ______ attention to the safety demonstration. a. give b. devote c. pay d. lend 2. A severe hurricane in the South Pacific has______ many lives. a. claimed b. taken c. killed d. destroyed 3. The delegates blamed each other when the peace talks broke______. a. off b. up c. on d. down etc.

测试 1 和测试 2 都没有提供语境，而在测试 3 中，被测的语言（最低程度地）语境化了。当然，前面两个测试也是可以添加语境的。在测试 1 中，教师可以听写整个句子。在测试 2 中，可以要求学习者将词汇填入句子中。还需要注意的是，测试 1 和测试 2 要求学习者输出正确的形式，即从长时记忆中记起这些词。而搭配测试（测试 3）是输入性的，只测试了学习者识别正确形式的能力。如果测试的目的也要求检测学习者输出这些形式的能力，那么这个测试就无法达到目的了。如果将选项删除，这个测试就会具有输出性。

进行有语境的测试还是无语境的测试，或者是进行识别性测试还是输出性测试，要根据测试的目的和测试对教学可能产生的效果来决定。例如，如果测试的目的是预测学习者的阅读能力，那么接受性测试就足够了。但是，它应该是有语境的测试，因为阅读中会运用上下文的线索猜测词义。去语境的词汇测试可能不会是有效的阅读能力测试。但是，也有观点认为，去语境的测试鼓励学习者记忆长的词汇表。从好的方面来说，去语境测试通常容易设计和评分，因此它们的可行性很强。

可以通过提供更为详尽的评分标准来提高这个测试的信度。然而，有效地执行这样的评分标准容易降低评分速度，进而降低测试的可行性。但是，在非正式的测试中（测试的主要目的是为了激发学习者进行复习和巩固），不用过多地考虑效度和信度。或许，更重要的是学习者承认它是有效的测试，即所谓的表面效度。除此以外，只要测试能够激励学习者复习，它是什么样的测试并不重要。

总的来说，在效度（即这个测试是否检测了想检测的内容）、可行性（即是否容易进行）和反拨（即这个测试是否会对学习产生积极的效果）之间一定会有一种平衡。还有一个问题就是测试的信度。例如，无论由谁评分，这个测试都会给出一致的结果吗？这个测试对于具有同样能力的学生会给出同样的结果吗？下面的测试任务测试了在语境中的输出性的词汇知识，因此它是一项以日常应用为目的的、有效地评价学习者词汇掌握情况的测试。但是，由于它的评分过程带有主观评价成分，因此它可能不是一项特别有信度的测试。

三、测试的种类

由于选择题容易评分（电脑就可以评分）和设计（或者看上去容易设计），因此它是常见的测试形式。而且，选择题的形式可以应用于单个词汇在句子语境中的词汇和在整个语篇语境中的词汇。下面就是一个只有单词的例子。

tangle means:

A. a type of dance

B. a tropical forest

C. a confused mass

D. a kind of fruit

有些填空题可以替代选择题。填空测试要求学习者从记忆中记起词汇，然后用它补全句子或者语篇。因此，这类测试检测输出词汇的能力而不仅仅是识别词汇的能力。这类测试中最有名的就是完形填空。

在完形填空测试中，间隔均匀地设空，例如每隔 7 ~ 9 个词空一个词。这样就能够广泛地测试各种类型的词汇知识，包括语法词和实词。而且，完成填空的能力是建立在理解上下文的基础上的，就像下面的这个测试。这个测试是每 6 个词设一个空。

Tumbu fly In Africa south of the Sahara, another (1) ___ the traveller may encounter is (2) ______tumbu or mango fly, which (3) ________its eggs on clothing laid (4) _______on the ground to dry. (5) ______larvae hatch and burrow their (6) ______into the skin, causing boil-like (7) ______.These can be avoided by (8) ______that clothes, bedding, etc., are (9) spread on the ground to dry.

完形填空的一种变体形式是空出特别选出的词汇，而不是空出第 n 个词。这

样，测试就能更注重实词，进而成为更有效的词汇测试。多数教师都熟悉这种选择式完形填空或者开放式完形填空，尽管它常常被用来测试语法，而不是测试词汇。但是，填空题的问题是常常出现多个正确答案，给评分带来难度。上面测试中的第一空填 problem、parasite、danger 甚至 thing 都是可以接受的答案。为了控制可填的词汇，可以将每个词的首字母给出。

Tumbu fly In Africa south of the Sahara，another problem the traveller may e______ is the tumbu or mango fly，which l______its eggs on clothing laid out on the ground to dry.The larvae h______and burrow their way into the s_______，causing boil-like s_______.These can be a _______by ensuring that clothes，bedding，etc.，are not s______on the ground to dry.

填空题的一个优势就是能为目标词汇提供语境，虽然有时只是一个句子。这与语言需要在语境中教和测试的观点是一致的。事实上，由于 compose 和 place 这两个词有多种意思，它们是很难脱离语境进行测试的。填空题只需要学习者进行最少的输出。因此，这种题型是否检测了学习者在语境中创造性地使用目标词汇的能力还是有争议的问题。下面这些测试类型可能会弥补这一不足。

一种方法是让学习者自己写出句子，展示目标词汇的意思。但是，正如有经验的教师认为的那样，以学习者自己造的句子为基础来评价他们的词汇知识常常是相当难的。例如，虽然下面 5 个句子中有 3 个从形式上是正确的，但是只有最后一个句子表明学习者充分掌握了 sleep 的形式和意思：

Tony sleeped.

Tony slept.

Tony slept for ten hours.

Tony was so tired he was slept for ten hours.

Tony was so tired he slept for ten hours.

这比完形填空测试表面上看去不像词汇测试，但是研究者指出能否成功地完成测试与成功地完成其他类型的词汇测试之间是有关联的。因此，测试是有效的词汇测试，可以用作安置测试。但是它们不太适合作为教师们非正式的进步测试，因为很难将它们设计为检测特定目标词汇的测试。另一种检测学习者构词方式知识的填空题，是要求他们根据填空处的上下文，将词汇进行变形填空。

例如：

Change the word on the left into a suitable form to flu the gap： 1. compose ?　On one occasion the opera was conducted by the _____. 2. place　Have you seen my keys ?　I seem to have _____ them.

这类任务测试学习者派生词的知识（例如，composer 和 misplaced 是正确形式，而 compositor 和 deplaced 是错误形式）。它还测试了学习者理解周围语境，从而从几个可能派生词中找出恰当的词的能力（例如，不是 composure 或 displaced）。

更能展示输出性词汇知识的测试是设计任务，让学习者写出完整的语篇。语篇中要包含预先选定的词汇。这种测试只有当选定的词汇本身容易同时出现时才可行。下面就是一个这样的例子：

Write a paragraph of about 100 words to include at least six of the following ten words.You can change the form of the word，if necessary-e.g.work→worked：

voucher	stain	sale	unwrap
store	rug	couch	refund
torn	complain		

当对这类测试评分时，要对每个目标词汇的词形和词义的正确使用分配评分。上面的任务都是针对预先选定的词汇——例如，可能在前面一课学过的词汇。更为全面地评估学习者的词汇知识可以全面地对他们的写作和口语表达进行评价。很多评价学习者语言输出的测试都包括对被试词汇知识的评价，既包括词汇量的多少，也包括词汇使用的准确性。通常，这都是定性评价，即依据下面的标准（见表 2–2），形成关于学习者词汇知识的总体印象。

表 2–2　词汇测试标准

1	能够恰当而准确地使用大量词汇；能够有效地使用习语和搭配；能够使用恰当的文体风格
2	有适当的词汇量，偶尔出现拼写、词形、搭配或者选词上的错误；整体意思清楚、明了
3	词汇量有限，有些重复；经常出现拼写、搭配或选词错误，导致个别之处表意不清
4	词汇量很小，大量地重复；多次拼写和词形上的错误；几乎不能使用搭配；经常表意不清

但是，缺乏精确的规范，这样的标准通常难以应用。例如，不同的主考人对

"适当的词汇量"是指多少会有不同的理解。

四、行动研究

测试是获取教与学反馈的方式，它是一种小规模的研究形式。研究本身是提出问题和进行实验这一循环中的一部分，这种过程是专业从业人员职业生涯的一种特征。多数教师不断进行尝试，看看这种方法是否会对学习效果产生显著影响。这可能是一本新的著作，或者新的技术，或者只是一种布置教室设施的新方式。词汇教学就适合这种实验。

词汇与语法不同，它更容易逐条列出，因而更容易测量。例如，检测学习者能否在一周后记得学过的 20 个词，要比检测学习者在同样时间段后对现在完成时的掌握情况容易。由教师在教学中进行的、小规模的、旨在提高学习效果的研究称为行动研究。行动研究不必像学术研究者开展的复杂的研究那样遵循严密的标准，但这并不意味着它完全没有严密性。与有效测试相关的那些原则（例如效度和信度）同样也适用于行动研究。行动研究要具有可行性——它不应该对教师或者学生提出过分的要求，而且它要得到有实用价值的结果。

下面列出了在职教师可以在教学中进行的与词汇教学相关的一些研究方向。它们不是要对学习者进行对照性评价（就像考试那样），而是要从一般意义上评价学与教的有效性。它们都包含某种实验性的教或者学的活动（措施），然后对词汇的记忆情况进行后测。严格地说，只有在实施措施之前进行某种前测，后测才有效。但是，这常常不太可行。下面所列的这些研究思路并没有涵盖教师可以就词汇教学进行的各种研究。即便实验的结果并不确定，与全班分享你的发现也会激发关于不同词汇学习策略的讨论。这反过来可以提升学生思考促进词汇学习的意识，这对所有人都有益处。

（1）调查不同的学习方式。有些学习者喜欢直接看到生词，而有些学习者喜欢先听生词，并在发音环路中进行反复加强。要注意学习者偏好的学习方式和实验结果间的所有关联。为了弄清哪种方式更适合学生，可以通过不断地重复和训练来学习 10 个新词，但是并不写出来。在接下来的一课，再教 10 个生词，这次将它们写在书写板上，然后进行重复，但是并不练习朗读。在学习这两组词同样的时间间隔（例如一周）后，对它们进行检测，看看哪组词记得最好。要留意不同学习者之间的任何主体差异。可以通过调整听、看和重复单词的顺序以及组合方式变换教学过程。同时，也可以结合使用一个简短的有关学习者学习方式的问卷调查：你愿意先看到一个新词吗？你愿意先听到一个生词，再看到它吗？等等。

（2）调查不同记忆方法的有效性。告诉学习者，会教一些生词，例如 20 个生词，然后在一周后测验他们记住了多少。建议他们思考记忆这些词的方法，一周后对学习者进行测验。对比结果，然后让学习者汇报他们记忆词汇的方法，特别注意那些较为成功的学习者的方法。然后再教另一组新词，让学习者应用成功的学习者的方法去记忆。一周后再次检测，看看在记忆方面是否有整体的进步。这项研究也可以采取另一种形式：向全班一半学生介绍一种记忆方法，例如指示词方法，然后教全班同一组词，看看实验组（即学习了指示词方法的一组）在记忆上是否有明显的优势。然后，可以让他们向其他同学介绍他们是怎样应用这个方法的。

（3）调查呈现词汇选择的不同方式。词汇意义上的相似会相互产生干扰。为了检查这个观点，可以教三组词。例如，可以在连续的三节课上各教 10 个词，并在接下来的课中测验学生的记忆情况。第一组词是属于同一个词群的词汇，第二组词是随意挑选的词汇，第三组词是稍有关联的词汇——例如，可能在相同语篇中同时出现的词汇。最后一组词的选择，可以直接从一段或两段真实的语篇中选出 10 个词。

（4）调查泛读对词汇习得的作用。给学习者提供分级读物，并布置规律性的任务，鼓励学习者进行课外阅读。在课上，讨论阅读材料，并从阅读材料中找出那些学习者可能不熟悉的词汇。如果可能的话，试着关注所选的词在阅读材料中出现了多少次。在测试前，不要引起学习者对这些词的任何特别关注。在阅读的最后阶段，测试学习者对这些词的记忆情况。可以使用例如本章前面介绍的四类“词汇熟悉度”的分级。看看测试的结果与这些词在语篇中出现的次数之间的关联。

（5）调查词汇记录的策略。前一天晚上借学生的词汇记录本，记下他们记录词汇的方式。选择一组在记录本中普遍都有的词汇，然后在下节课上测试这些词汇。比较每个学生的成绩，看看词汇记录策略和词汇记忆之间是否存在联系。用这个实验的结果讨论记录词汇的最佳方法。

（6）调查运用上下文猜词的效果。准备一篇阅读文章，其中要包括许多学生不熟悉的（或者学生可能不熟悉的）词汇。给全班一半学生一份难词的词汇注释，例如用翻译或者定义的方式。下面就是一段这样的文章，其中的难词用西班牙语加以注释：

A DAY IN THE LIFE OF CABIN CREW

4:00 am

I'm on early shift[1] today，so it's still dark when the alarm[2] goes off. When you're getting up at the crack of dawn[3]，you need to be organised，so I checked my rosters[4] and prepared my uniform and cabin[5] bag last night. Today I'm doing what's known in the trade[6] as "a double Amsterdam"…

1 turno

2 despertador

3 al romper el alba

4 listas，programas

5 cabina

6 oficio

班里的另一半学生没有辅助材料，他们要根据上下文猜测不认识的词的意思。提问有关课文理解的问题，学习者的回答要体现对生词的理解。允许学生合作回答这些问题，但是不要给学生提供生词的任何定义或者翻译，而只是鼓励他们试着运用上下文猜测词义。下节课时，对这些词汇进行检验。看看全班的两部分学生（没有进行太多认知工作的学生和进行了认知工作的学生）是否有任何差异。

（7）调查使用词典的效果。采用与上个实验相同的步骤，但是这次让没有拿到注释的那组学生使用词典（而不是利用上下文）。同样地，看看查词典的活动（对词汇进行决策的活动）是否有利于促进词汇记忆。可以进一步变换这个实验，让全班一半学习者使用词典查询生词，而另一半只能通过上下文的线索猜测词汇，然后对比测试的结果。

第三章 英语听力教学活动研究

听力在教学中的地位是不断变化的，它恐怕是人们认识最少、研究最少并且在历史上曾被认为是最没有价值的一项技能。过去，学习外语主要是通过阅读和翻译，而不是听。在 20 世纪的后半叶，越来越多的人开始研究语言学习方法，听说法由此产生。听说法使用录制的句型（技术的发展是巨大的，包括课堂上录音设备的普及）把听力教学摆到了语言教学法的首位。

目前，人们一般把听力步骤分为听前、听中、听后三个部分。每一部分所需的时间长短不一。研究和直觉都告诉我们，当学生了解话题的一些情况，思想上对要听的东西有所准备的时候，他们听懂的概率就大大增加。毕竟，这些步骤是在教室以外大多数听力发生的条件。因此，设计课堂练习也应该让学生有目的地听。在听后这一步，现在非常强调帮助学生解决难点，并对听的情况进行反思。听后这一步也随着这样的理念在发展，即听力提供了极好的输入，而这种输入需要得到分析。

本章首先研究听力材料的来源与听力任务，然后分别详细举例研究听前、听中、听后这三个部分。

第一节 听力材料的来源与听力任务

在面对面的会话中，好的倾听者可能全部或部分地做了下面这些事：尽自己最大力量预测说话者将说的话；使用表示关注的身体语言，如时不时地点头；直视说话者的眼睛；遇到自己不明白的地方，就大胆直接提问；使用 yes、I see 等表达方式，以表示他们正在专心地听；注意沉默的含义。

外语教学过程中，学习者也可以成为好的倾听者，这需要具备以下条件：学习者有明确的动机；话题与学习者之间有较强的相关性；学习者自行填补说话者叙述中的空白；学习者对不认识的单词，不浪费过多时间；学习者会超前思考，预测并掌握整个文本的意思；学习者专注有价值的信息，忽略其他信息；学习者不认为自己是信息的被动接受者，视自己为互动的参与者；学习者擅长根据文本调整策略，对不同的内容，会采用不同的方法；学习者置身于所听到的内容，为实现目标制定议事日程；学习者对似懂非懂的问题，不去过分纠结，耐心等待问题的最终解决；学习者对所听内容的矛盾之处保持警觉，尽力在听的过程中修订自己的解读或与说者共同解决问题；学习者善于指出产生问题的确切之处；学习者知道所做的假设（关于所听到的东西的意思）会在后面得到验证；学习者能察觉到讽刺和其他口吻，能识别语调的变化（声调升降的方式）；学习者计划性较强，对要完成的任务心中有数。

一、听力材料的来源

听力材料有多种来源，主要有如下几种。

（一）网络

登录到一些英语学习网站的学生会发现许多有用的东西。这些网站上有听力文本、问题、答案，甚至还有解释，许多这样的网站都是免费的，而且学生能在课余时间自己练习听力。那些活动可以重复进行，这意味着学生可以自己的节奏练习听力，而且既有精听，也有泛听。网络听力的缺点是计算机一般不能进行对话，或者重复能让人学习语言的人类互动。网络听力的一个最近的新宠是播客。这个名字是 ipod 与广播的合成语。播客是把网络上的出版文件直接发送到个人声频播放器上的工具。播客可以让独立制作人制作类似于电台节目的东西，再自动发送给用户，用户可以在他们选择的任何时间里听这些节目。完全有这样的可能性，人们——可以是语言学习者，制作自己的节目，然后给其他国家的学生，以便在他们想听的时候听。教师现在可以把任何带 WAV 或 MP3 格式的文件发给学生，这个过程非常简单。

（二）教师说话

听教师说话是课堂上最经常和最有价值的输入形式，对那些希望习惯新的语言的声音的学习者来说尤其有用，再没有比这更容易控制的真实输入了。听教师说话，最大的好处是：教师可以重复关键点，可以根据意愿修改输入，可以解释难词，完全能够控制语速，该快则快，该慢则慢。

教师说话具有很强的互动性，包含非常好的粗调输入，教师既能回应学生的需求，又能激发其积极性。

1. 教师说话的特点

（1)即兴输入。即兴输入指的是教师在教学过程中，可以说一些闲言碎语、诙谐评论、鼓励词，并进行现场课堂管理。教学过程中，即兴输入是不可避免的，教师与学生之间必定存在对话的因素。例如，有个学生迟到了，教师可能说类似的话：“你今天早上怎么了？”接下来可以有多种方式继续下去。或许学生会说：“我昨晚去参加聚会了……”接下来的是一个即兴会话，它可以提供极妙的听力或会话材料。

如果教师安排一个演讲，那么学生非常有可能多听一些东西。给学生做一个较长的、有结构的演讲，这本身就是一种技能，它要求大量的备课。

另外，全球很多地方没有电或录音，教师的声音是学生唯一的听力来源。这种情况下，教师可以朗读教科书的脚本。脚本如果是对话，教师改变声音或使用身体语言分饰多个角色，如果是独白，可以让学生读一部分，教师读一部分，再邀请外部人员读一部分。

（2）计划输入和半计划输入。计划输入与半计划输入的区别是，计划输入没有教学任务。它是学生需要的真实世界里的信息的传输工具，没有隐藏的语言或基于技能的目标。相比之下，使用半计划输入的主要目标是教学目标，即要么是练习听力技能，要么是练习新的语言。

教师需要传达一些信息时，一般使用计划输入方式。计划输入可能是所有输入中最好的、最能激发学生积极性的输入。单语种班级里的一些教师常常用母语来宣布一些事情，更好的方法是把它当作一个听力输入的真正机会，接着做一个检查或澄清练习。在练习中，教师让学生说出关键信息，并把它们写到黑板上。

半计划输入指的是教师准备的但没有脚本的教学步骤。下面列出了半计划输入的方法，个性化调整以后，表达方式会更直接、更自然，完全能够成为学生学习的案例。

聊天秀：教师可以组织课堂聊天秀，在做笔记的现场观众（其他同学）面前采访学生。为了增加娱乐效果，甚至可以配上聚光灯、主题音乐，穿上主持人服装。

照片：教师出示一些他（或她）的照片，并讲解这些照片。学生猜教师讲的是照片里的哪一个人。然后，教师引导学生说出描述人物的词汇。

传记：教师的生活可以是输入材料。教师可以把自传作为输入材料，也可以使用护照、结婚证等实物教具，围绕这些材料来进行教学。无论教师自身能否代表他所教的语言的文化，这种活动都是很有价值的。

童年趣事：教师可以讲一些童年趣事，也可以让所有学生说出与童年有关的单词并把这些单词写到黑板上。然后让学生回答故事里用了栏目里的哪些词汇，它们是怎样使用的。一个好的后续活动是将重点放在过去时的形式上，让学生自己讲一件童年趣事。

第一次经历：教师讲述生活中三个重要的“第一次经历”，让学生在表 3–1 中做笔记。然后学生核对笔记，重述故事，并分组准备做同样的口语任务。

表 3–1　笔记示例

What	When	Who

2. 有质量的教师说话

近些年来，许多人都提出，出于人文主义和输入的原因，应该增加教师说话时间，而不是减少。我们也开始从教师说话质量的角度来看这个问题。衡量教师说话不是看时间，而是看它是否有趣、清晰，是否使用了合适的表达方式，是否有条理等。教师说话是极好的粗调输入，它也具有互动性，能满足学生的需求。下面列出一些有质量的教师说话的实例，仅供参考。

（1）让学生做好充分的准备。告诉学生自己要讲的东西，尽可能引起学生的兴趣。

（2）在整个课程中，在你说话与学生反馈的时间上一定要有一个平衡。在大多数的教学情境里，长时间唱独角戏恐怕都是要尽力避免的。

（3）注意观察学生的理解情况。你需要不断地检查学生是否听明白了你的讲话。可以观察学生的面部表情和身体语言，或者直接提问。如果听者面露困惑之情或表示信息量太大，你就必须做出调整，如重述、放慢语速或者干脆停下来。

（4）注意说话的正式程度。虽然演说风格各异，但大致可分为三类：非正式的、正式的与朗读。在听众面前朗读无疑是最没有互动性的，一般都应予以避免。一个较正式的演讲风格往往都带有组织和结构紧密的优点，对听者有帮助。一个非正式的风格可以减少说话者与听众之间的感知距离，让两者都能放松。有证据显示，使用 we 这样的包含词和其他非正式代词，可以帮助建立这种关系。

（5）停顿和解释。在每个小节结束前提供一个简单的摘要。第一遍没听清细节的学生应该有第二次机会。记住冗余是有一定好处的，因为它意味着听者不必把注意力放在每一个单词上。

（6）讲话里要有与课程相关的语境。使用类似的短语，如 Last week we saw how...；Yesterday we spoke about... 等。结尾时用这样的话：Next week we will look at...。这给学生一直连续的感觉，也可以帮助他们把新内容与学过的东西联系起来。

（7）提供视觉支持。包括副语言特征——面部表情、手势和身体语言，还有幻灯片、插图和列表。

（8）要让你的讲话具有互动性。每个小节之后要有提问时间。正如我们所指出的那样，大多数听力都不是单向的，因此教师说话也不必是单向的。至少，要与你的学生保持眼睛的接触，要确保你的讲话不要过于照本宣科。

（9）注意类比的用法。许多类比是有文化针对性的。研究人员 Jackson 和 Bilton 注意到，美国大学里的讲座常常是从科学领域说到日常生活中去。但美国人的日常生活不是巴西人和中国人的日常生活，“人人皆知”的电视节目、文化偶像以及运动术语可能不像你想象的那样普及。

（10）抛弃习语。曾听到过一个培训教师对初级班的同学说“You don't need to bother with all that malarkey”。Malarkey 是 nonsense 的习语，主要在伦敦的一些地区使用。这是一个极端的例子，但即使在 She was pretty smart 里使用 pretty，也会引起麻烦。

（11）注意使用的词汇。听起来好像是反直觉的，但较长的和技术性更强的单词可能更容易被学生理解。因为这些单词经常有拉丁词根或者国际词汇。相反，动词短语（如 get by run over、break down）对学生来说是出了名的难懂。讲话时要注意学生的词汇量，不仅要清楚地转述，还要解释难点。

（12）以线性顺序教学。不要东拉西扯，讲故事按时间先后次序讲。有一个作家曾说过，“现代小说的顺序是开始、混乱的过程和结尾”。要确保你的讲话有一个中间过程，而不是一个混乱的过程。

（13）使用清楚的提示信号。使用宏观话语标记明确地提示话题的改变（如 now we will turn to the subject of...，the final thing we are going to look at today is...），而不要使用微观话语标记（moving on，so...）。

（14）以合适的音量和速度讲话。用恰当的音量说话，说得自然，语速不要太快。强调重点的时候一般都伴随音调改变和可能的元音拖长。

（三）歌曲

音乐可以使人快乐，容易记忆，并能激励学生，给课堂带来了其他东西——艺术和情感。尤其是十几岁的年轻人，要他们在同学面前用外语说单词，他们会觉得难为情，但当那些单词是名噪一时的歌手唱过的，他们就不会感觉那么难为情了。歌曲一般都包含一些有用的可预测的因素。例如，节奏的使用就常常能帮助学生预测词汇。副歌意味着我们可以重复听到以同样的强调和语气唱出的相同的短句，这给学生提供了多次机会去理解歌词。有些歌词里还含有故事，这能吸引学生。歌曲能给课堂带来不同的口音、声音、文化以及理念。歌曲常常都是他们熟悉的，尤其是当教师给学生机会，让他们带自己选择的歌曲到课堂上来的时候。在语言和技能方面也有一些好处：有些能帮助学生专注于发音的问题，如重读模式。

使用歌曲的关键在于你用它来做什么。如果只是被看作日常课程中的一个休息的话，那么它对成年学生来说就没有什么价值了，只不过起到调节课堂气氛的作用而已。如果能像对待其他文本那样认真，那么它们会有同样的价值，还外加了娱乐的因素，这是所有学生都需要的，尤其是年幼的学生。歌曲的歌词一定要清楚、得体和有用。随着技术的发展，歌曲越来越容易找到了。那些教十几岁孩子的教师用得非常成功的一个方法就是，让学生把 CD 或 MP3 播放器里的歌曲带到课堂上来。然后，教师示范怎样在课堂上使用这些歌曲。这样做的一个巨大好处就是学生选择内容。

（四）学生说话

教室给学生提供了一个能让他们“体验”新的语言的“安全”的环境。在这里，教师可以让学生分组讨论一些事情。有许多事情是学生可以在小组里说的，这可以提高他们的听和说的技能。其中一个就是趣闻轶事，它是个人的私事，因此常能吸引人。此外，它又具有真实性，并且是具体的，不是抽象的。但是，有些学生和教师不喜欢把课堂时间用于结对或分组讨论。他们认为：教师很难全面监控各个小组的讨论；学生会互相学对方的错误；学生会互相提供坏榜样；学生会非常容易开始讲母语。其实学生在学别人的错误的同时，也在学习别人有用的语言。如果他们开始讲母语，那是监控的问题，可以通过在课程活动开始时协商好规定来应对。优秀的教师有办法同时听多个小组的会话。

要确保学生真正能互相听对方讲话的一个方法就是布置任务。这些任务可以是以下几种。

（1）做秘书。教师要指派一个学生做秘书。

（2）演讲。教师让学生在小组里讲话，其他人要对听到的东西进行评判。例如，每个小组要讲对一本新杂志的看法，听的人要决定他们是否愿意为这本杂志投资。

（3）汇报。在活动开始前，教师告诉学生要汇报其他人说过的事情。

（4）带有信息差的七巧板任务。给每个学生一份图片或文本的一部分。分小组后，要他们解释手中的文本，或者描述手中的图片，并一起组成完整的故事。

（五）教材录音

教材录音的优点有很多：一是在教学大纲里还有一定的综合性，或者能巩固新近学过的语法和词汇，或者能介绍或延伸一堂课的主题。二是教材提供听力步骤，充分利用能引导学生去听录音的材料，指导他们解决困难，并在听完后提供讨论的要点。所有这些都为教师节省了巨大的工作量。三是现代教材包括多种类型的录音，如新闻简报、行业专家访谈、故事、笑话、歌曲、情境对话和讨论等。

另外，如果教师能够使用互动白板，就能取得不错的教学效果。互动白板是集合了与网络相连的计算机屏幕的所有功能的数字白板，可以与一些能够配合互动白板的教材一起使用。与教材的数字版本一起使用的互动白板设备，能让教师拿教材录音做各种各样的事情，这是用过去的技术不可能做到的。教师只要点一下屏幕就可以把脚本“传唤”到白板上去；可以通过移动手指用不同的颜色突出难的部分，然后敲击白板上的恰当位置把难句单独列出来。这些设备（还有更多的）促进了视觉的和动态的教学风格，对听力教学非常有益。

使用教材录音需要注意的是，教师应在教材与课堂之间做一些调整工作，恰当地做一些删减和补充。如果感觉到一段录音超出了学生的水平，教师就应该对其进行简化。如果录音缺乏有趣的内容或者听上去不自然，那么教师就应该把它拿掉或是想办法让它变得有趣。

（六）来宾演讲

邀请一个语言水平高或者以英语为母语的人来班上演讲，是给学生听现场的、真实的、实时的会话的有效方法。一个以英语为母语或语言水平很高的人，他要具备抓住听众的能力。一个方法是把两个班级放在一起，让两个班级的教师来做会话。你可能需要找相同水平的班级，还需要一个足够大的并能装下两个班级的教室。这样做的一个附加好处是，学生通常都喜欢与其他班的学生在一起，并看到其他教师是怎样上课的。来宾演讲的好处如下：

（1）在一个普通班里，一张新面孔和新声音总能激发起学生的兴趣。在许多课堂上，学生没有机会在一个相对有控制的环境里听一个母语说话者讲话。就这点而言，现场听是介于真实的外部世界与课堂之间的一座桥梁。

（2）母语演讲来宾还能给学生提供听外国文化的机会。

（3）学生可以看到演讲者使用的身体语言，而这有助于理解。

筹划来宾演讲的课程要包含图 3–1 所示的步骤，有些步骤是可选的。不用步骤 2 和步骤 3，可以只让学生想一想有关这个“神秘”来宾的问题（他的工作、爱好与教师的关系等）。然后，根据答案和后续的问题让会话继续下去。步骤 7 通过提问来勾勒会话的框架，并检查学生的理解情况。偶尔暂停录音，问学生接下来的是什么，如什么单词、什么短语或介词。重点指出新的或难的短语和词汇，并把它们写到黑板上。

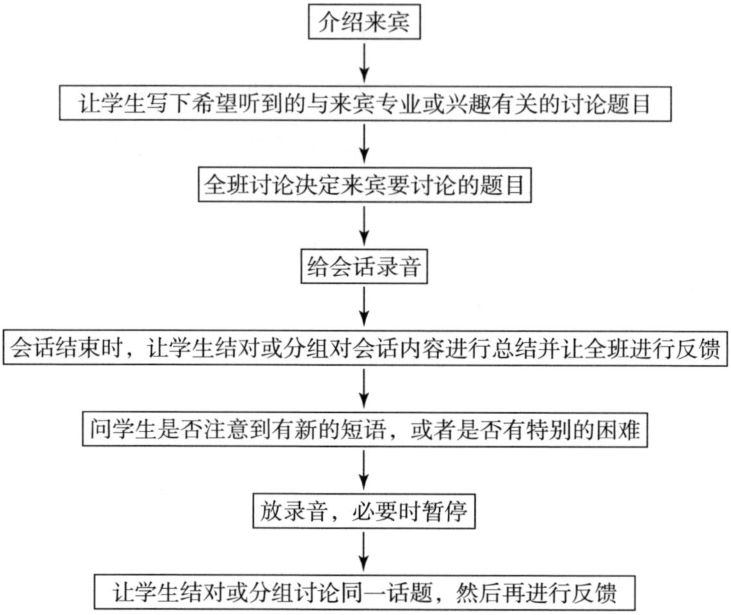

图 3–1　筹划来宾演讲的步骤

（七）电视、视频和广播

使用电视、视频和广播的好处是这些材料常常是真实的、热门的和带有现实世界信息的。此外，电视和视频还有视觉要素。能够看见说话者，看见他们的语境和身体语言，对听者来说有巨大的好处。能看见人们的自然生活状态也是一个有趣的因素，也是文化信息的有用来源。运动的图像对注意力时间短的学生来说是额外的好处，而对那些不能读或写的学生来说，它提供了现成的语境。对年幼的学习者来说，运动的图像所具有的颜色组合、动作、迷人的角色和故事情节，迎合了他们自身的特点。

电视、视频都有字幕，可以弥补阅读与听力之间的差距。有些教师和学生不喜欢字幕，声称字幕的存在把这个过程变成了阅读练习，而不是听力练习。解决方案很简单，在放第一遍时将其遮住，或者播放时取消显示字幕。

要像对待任何其他教学模式那样，认真地对待广播和电视这类媒介的使用。使用像广播和电视这样的媒介的坏处是，我们已经看到过的使用真实材料的弊端：语言水平太高，摘录的听力材料没有文化可知性，以及教师要自己设计教学步骤。并且，还有一个可信度的问题需要解决。确实，学生、教师和父母都把电视看作娱乐而非学习。他们说："我们只是在家里看电视。"关键是不要像在家里那样使用这个媒介。要布置有挑战性的任务，教师还可以让学生一起来做这个活动。例如，让一个学生背对电视屏幕，另一个学生描述电视里所发生的事情。可以挑出有用的短语，重点加以练习。教师可以把节目里的关键短语写在卡片上发给学生，让学生按顺序排列，并用它们重新表述这段摘录。现在许多新的课程都有视频，常常混合使用真实文本与脚本文本，它们大致会与教材的教学大纲和话题有关，并提供了建议使用的教学步骤。

要想完全使用真实材料，有一些具有其内在优势的语域可以使用。表 3–2 所示的所有语域都很短，具有独立性和完整性。它们的结构对学生来说也很常见，并容易识别。

表 3–2　各种语域的优点

语域	一般优点	语言特征及其优点
电视、广播新闻以及天气预报	热门、有趣，有时故事能持续一段时间并有不同的模式（如报纸）。语速平稳的讲话方式，清楚的停顿点。首先给出标题，易于预测	词汇丰富，词法基于主题，正式的语篇。适用于高水平的学生
电影剪辑	娱乐性、动态性、戏剧性，有文化内容，故事情节→内置任务（猜其后发生的事情），容易扩展（看另一段剪辑）	多样性，取决于电影的语域和剪辑
电影宣传片	娱乐性、动态性、戏剧性，故事情节→内置任务（猜其后发生的事情），预看是学生观看全片前的"预品尝"	话轮短，适合低水平的学生
电视广告	娱乐性，有文化内容，批判性思维的起点（鼓动性语言、偏见等）。适合高水平的学生，其多样性适合广告间的比较。有诙谐、模棱两可和短小的故事情节	使用很少的单词，适合低水平的学生；使用有说服力的语言→批判性思维的起点，适用于高水平学生
电视纪录片	深度讨论真正的问题，有趣、有冲击力（惊人的视觉效果），有文化内容，有助于体现个性化（发表自己的观点）	基于话题的词汇群，计划与非计划（叙述与"现场"）语篇。适合提升对正式与非正式语言特征的意识

续表

语域	一般优点	语言特征及其优点
喜剧系列片段	娱乐性（诙谐），有知名角色，文化内容是可识别的常见场景（家、旅馆、办公室）	不同的语气如讽刺、挖空、自责，适合于教语调模式。双关语，适用于高级水平的学生
动画片	娱乐性（尤其是对儿童），富有想象力，故事情节适用于预测，清楚的人物和关系	常包含没有对话的长时间的停顿。适合低水平学生或儿童，语言是非常简单的
电视或电台谈话秀 / 采访	娱乐性（名人），很少的（或没有）视觉干扰，学生说话的榜样（同学间采访）	有结构的话轮（问题→扩展回答），动态的、没有脚本的、语篇标记的良好来源，如轮流说话、改变话题
电视或电台游戏节目 / 智力竞赛节目	娱乐性，内在的互动参与（回答问题），清楚的停顿点，有文化内容，提供学生说话的榜样（智力竞赛）	话轮短（问题→回答结构）

声频代表的是一种“纯”听力，这要求学生一定要依靠他们的耳朵和大脑。声频材料容易得到且价格便宜，尤其是广播，在有些语境里可以给读者提供更多的好处。

二、听力任务

通常来说，教师既要设计理解练习，又要设计任务，因为真实材料不是为课堂使用而写的，不适用于教学步骤。任务型学习背后的主要理念是，当学生把注意力放在任务上，而不是放在要用来完成任务的语言上时，他们的学习才会更加有效。

在互动中，学生发现需要某些语法和词汇，因此他们需要学习的语言就出现了，这些语言不是由教师事先设置好的。与其他教学法相比，任务型学习教学法能产生大量的交流，比教师能控制的各种语言输出更少，学生会使用自己的所有语言资源来完成任务，就像他们在课堂外做的那样。

任务与理解问题的不同之处就在于它们一般有更宽泛的目标。任务类型包括解决问题、分享个人经历、做清单、订餐，将一组东西比较或进行分类，或者创造性任务，像建造或制作某个东西。任务的主要特征包含一些输入形式以及源于听力输入的输入形式；涉及多种技能；所有学生最终会有成就感；有丰厚的回报，这意味着值得为如此大量的语言输出而准备这个任务；重点主要在意思而不是形式上，因此能为真实语言的使用创造机会；学生一方要做出决定；常常能延伸，做家庭作业或者自学。

开展任务教学之前，教师应讲解任务，或让学生听语言好的人示范。任务教学的大体步骤：学生完成任务，在做任务的过程中思考自己完成任务的方法、结果；每个学生向全班介绍自己完成任务的方法，教师评价、比较，教师可以在这个时候，播放语言好的人完成任务的录音；全班将重点放在完成任务期间出现的有用的语言上；学生在有控制或半控制的环境中激活语言。下面列出 5 个任务教学的实例。

其一，学生听完新闻并讨论他们听到的东西后，教师告诉学生他们现在是新闻编辑，并给他们 12 个想象的标题清单。规定报纸的头版中只能放置 6 条新闻报道。学生分小组把 6 条最重要的新闻放到头版他们认为合适的位置上。随后各小组比较头版新闻。在这个任务里，有许多地方可以延伸或改动：根据学生喜欢的新闻报道的类型分配角色，让学生撰写或录制一条新闻，就新闻内容进行讨论等。

其二，学生可以录制自己的趣闻轶事。在录音阶段，学生互相提问，尽可能多地梳理出细节。随后，学生听自己的录音，挑出一分钟的内容，对关键的部分进行转写。在这个任务里，转写阶段会导致许多“注意”，尤其是发音、词汇（学生一般能看见自己的不足）以及语篇管理。教师看完转写后，给予恰当的跟进。

其三，学生创立一个虚拟公司。分小组准备描述公司是干什么的、在什么地方、什么名字以及为什么这个公司能盈利。其他学生扮成银行经理，要决定是否给这个新公司的启动资金贷款。在这个任务里，每个人都在听，因为他们要问问题，并决定是否为其贷款。

其四，学生分一个标题（家庭、爱好、工作、地方等）简单自述。两人一组，找出 5 个共同点。然后交换同伴，再重新讲。另一个方式是讲同伴的事情，并不断地换同伴，然后再核实所讲的东西。在这个任务里，每个人都在听，因为他们都有一个与自己相关的目标。

其五，学生分小组设计一个广播节目，节目里每个人都要讲一个喜欢的东西，像电影、书、地方、餐馆等。然后学生听其他录音，并准备后续问题。任务的个性化能产生激励作用，常常能引发后续阶段的延伸讨论。

第二节　听前技能和活动创新研究

听前阶段是帮助学生为将要听到的东西做好准备，而这能让他们成功地完成被布置的所有任务的概率更大。听前的第一步一般都是激活图式，为的是帮助学生预测听力材料的内容。第二步是建立起要听的理由。或者是由于要填补信息差、意见差，或预先提出的问题，或者是由于学生已经提出了问题——基于他们希望听到的东西而提出的问题。

这里的图式，就是基于一个典型情境的大脑模式。激活学生的图式能使他们理解主题，帮助他们培养对输入的预期，这是让他们预测内容的一个关键因素。

一、学生听前需要了解的信息

在听之前，我们知道了解要听的段落的信息是有用的，除此之外，还有一些信息是有用的。一个是说话者的声音和说话的方式。这包括调高（高或低的声音）、口音、音量和音乐家所说的音质（类似于音色）。讲话风格也有很大不同：有的人爱打比喻，有的人使用短句子，句子里多用单音节词汇；还有人可能使用在复杂性和句法上都类似书面语的演讲，比如大学教授讲课，或电视新闻节目里政论家的时评。所有这些信息都能让听的人去预测说话人要说什么和怎样说。听前学生需要了解的信息和获知信息的渠道见表 3–3。

表 3–3　听前学生需要了解的信息和获知信息的渠道

听前学生需要了解的信息	学生获知信息的渠道
说话人的声音 / 说话方式	使用“试音”（短的“试音”，能让听的人熟悉声音）
文本的长度	（由教师）明确指出
目标听众及听众的职责（参与、批评、欣赏等）	由教师 / 材料暗示或明说
听者和说者之间的关系（友好的、上下级的等）	由教师 / 材料暗示或明说
文本的功能（娱乐、传达等）	暗示
有关话题的信息	集思广益、讨论、预读、研究项目
专业词汇	预教、预读
他们需要做什么	写在教材里或者由教师布置（并通过问学生问题进行核实）

二、英语教师的职责

在听力课上，英语教师的职责与这 8 种工作密切联系在一起。教师选择承担的职责取决于许多因素，包括班级的情况，课堂是处于听前、听中还是听后的步骤。但很有可能的情况是，在这个或那个步骤里，教师会发现自己承担着大多数的职责，或者所有的这些职责。

导游：教师要能够指出有趣的地方（那段口头语法、这句俚语、学生母语里也有的比喻），并忽略所有无趣的地方。并且，就像优秀的导游那样，他们应该确保在继续往前走之前没有人掉队。

裁缝：听力文本要“适合”班上的学生，就像西装和礼服一定要和穿衣人相匹配一样。话题、水平和语域等都要恰当。

侦探：上课前，教师要能够像侦探分析案情一样分析录音里的语言。他要问这样的一些问题：学生明白这个习语吗？他们能应付这里的各种动词时态吗？他们能够解读这个段落里所有的缩写形式吗？他们需要解读吗？他们听得懂这个笑话吗？

消防队员：如果一切都弄糟了，听力材料太难了，教师就需要把所有人带出困境，就像消防队员要把人们带到安全的地方那样。

密探：在学生听的时候，教师应该观察学生的手和脸。学生是在写答案吗？他们看上去很困惑吗？谁听懂了在点头？为什么有个学生翻看的是错误的一页？

工程师：在使用录音材料时，教师不仅需要具备使录音设备工作的知识，而且更重要的是，要具备能应付有时设备不工作的能力。

医生：教师需要是诊断专家。出什么错了？为什么？是因为速度的问题、词汇的问题、口音的问题、话题的问题，还是因为今天是星期五，暖气太热的问题？

单口喜剧演员或者讲故事的人：教师常常是最好的输入来源。能“抓住”听众的教师具有一种宝贵的才能（即确保听众停止听之前闭上嘴巴）。

三、激活图式的方法

下面研究激活图式以及让学生对要听的东西进行预测的 6 个实际的方法。

（一）词汇与文本

词汇与文本可以给人们重要的信息，或激励人们更进一步地研究一个话题。词汇练习能取得良好的教学效果，而短的阅读文本作用很多，如可以介绍话题，强调有争议的主题，或提出能让学生思考的问题等。

1. 关键词练习

教师提供从听力文本里提取出来的关键词。学生根据这些词去猜文本里要发生的事情。也可以用这种方法来处理任何其他听力材料，因为所有的扩展语篇里都含有关键词。

2. 填空练习

让学生读有单词或短语空格的转写文本，他们的任务是填空。有些人可能认为这是一个语法或词汇练习，而不是听前练习，但如果我们希望学生听细节或是全神贯注地听，这就是一个有效的练习。这类活动的一个好处是可用于任何类型的听力材料，教师只需要把录音文本稍做变化就行了。

当然，也可以把一首歌曲或诗歌里押韵的单词去掉，由于缺失的单词与学生能看见的单词押韵，这就为他们的猜测和听提供了有用的线索。还可以对文本进行剪辑，让它含有错误的短语。

学生在听之前，可以划出任何看上去不对劲的地方。他们一边听，一边进行必要的修改。

3. 法庭案件文本

教师先介绍法庭案件的细节，但不透露最终判决。学生可以读这个文本的第一部分，猜测判决结果，然后再听录音找到答案。

4. 先听母语后听英语

如果有条件的话，可以先让学生用母语听新闻。在单语种班级里，这很容易做。在多语种班级里，可能需要做一些安排。随后播放英语，由于学生已经知道内容，认知负担就会得到减轻（这意味着大脑里腾出了一些精力），他们就能专注于语言问题了。用母语听完新闻后，学生会发现自己能够比以往猜得更准确了，并且他们也开始认出同源词了（母语与外语中几乎相同的词），这是一个重要的听力策略。对高级水平的学生来说，这提供了一个比较不同来源的新闻报道的好方法。

（二）观点、想法和事实

让学生充分参与到听前活动中来的一个好方法是，让他们提出想法或概念，自己做研究或教其他学生，用学生的观点和意见来激活和扩展他们的图式。这些活动特别适合听有事实主题的听力材料。

1. 小测验

让学生做一个小测验，并听出答案。这个活动很能调动学生的积极性，因为我们很自然地都想知道自己的答案是否正确。

2. 快速写作

快速写作适用于所有具有读写能力的学生，但是少儿学习者的教师可能要考虑减少写作时间或者让他们合作完成这个活动。教师把听力材料的主题给学生，然后让他们就这个主题不间断地写上一段时间（2~4 分钟一般就足以产生有用的文本了）。这个活动的好处是产生学生自己的材料，这些材料有可能衍生出无数的活动：同学间改错、同学间比较以及合作写作等。文本完成后，多种方式可被用作听前材料。例如，可以简单地对比一下学生写的文本和其后他们听到的文本。

3. 先行组织者

这些是有关一个题目的最初陈述或问题，供学生阅读和讨论。“先行组织者”的一种形式是由 1 ~ 5 个陈述组成。学生拿到一张有关一个题目的陈述清单，他们按照 1 ~ 5 的评分说出自己同意那些陈述的程度（1= 完全不同意，5= 完全同意）。然后他们可以听其他人的观点。

4. 语录

教师可以给稍微高一点水平的学生一张语录清单，让他们把语录与听力材料的内容联系起来进行讨论。

5. 小组写作

这个活动适用所有学生，不过前提是学生们已经对题目的内容比较熟悉。教师出一个题目，把全班分成 3 个小组。小组一就这个题目写 5 个问题，小组二写 5 个祈使句，小组三写 5 个使用否定结构的句子。然后，重新分配小组，使每个新小组里都有一个问题、一个祈使句和一个否定句的成员。学生分享他们的观点，听他们的问题是否得到回答或被提及。

6. KWL 图表

给学生一个题目和一张画有一个 K 栏目、一个 W 栏目和一个 L 栏目的图表。K 的意思是 Know。在这个栏目里，学生写上他们知道的有关这个题目的内容。W 指的是 Want to know，学生在这里写上他们希望得到答案的问题。L 的意思是 Learnt。听完录音后，学生要在这里写下他们学到的有关这个题目的东西。

（三）视觉材料

视觉材料直观并能引起共鸣，有“一图抵千言”的说法，可以帮助激活与任何主题以及任何类型的听力材料相关的图式。此外，许多学生有视觉学习的风格。在看到与所学的东西相关的图像时，他们能学得更好。

1. 让学生做画家

教师只需说出主题，让学生用画把它表现出来。作为后续活动，可以把画作展示出来让大家观看。

2. 使用维恩图

找一段比较两个事物的听力文本段落（如两项运动）。学生画一张维恩图，并在两个圈里做上标记（一个圈里标记一项运动）。这是一个预测活动，然后学生写下与每项活动相关的特点。要将两项运动中共有的东西或特点放入维恩图的交汇处。

3. 猜测情境

教师可以将全体学生分成若干小组，学生以小组为单位猜测发生了什么。如果一张或一些图片包含一些神秘的、不合适的或不一致的要素，并且有多种解读的可能性，就可能让学生创造性地去思考。他们要尽可能多地想出各种主意，并与班上同学分享，然后去听究竟发生了什么事情。也可以使用电影剪辑来让学生猜测情境，如让学生观看一段没有声音的视频，让其推测视频讲述了什么道理或解释发生了什么事情。

4. 有指导的幻想

可以让学生闭上眼睛，幻想某个东西，要不停地让学生提炼他们的幻想，增加外部特征、活动及细节。幻想的程度取决于教师希望把这个活动进行到哪一步。随后留出一段时间，让学生分享并点评。

幻想与创新之间的联系可能对一些学生（及教师）有吸引力，对其他学生没有太大影响，但是无数的演示会参与者声称受到了激励。

5. 讲故事

教师可以将全体学生分成若干小组，给每个组同一个图画，任务是分组看图讲故事。

当然，教师也可以给学生展示一组摆错顺序的多个图片，要求学生按正确顺序摆放，以便清楚、正确地描述故事情节。还有一个可能的方法是把学生分成小组，然后给每个学生一张图画。让他们轮流描述手中的图画（不能给其他同学看），为的是要拼凑起这个故事。最后当学生听原版故事时，他们获得了扩展听力的机会。

6. 展示图表

让图片具有个性化的方法就是问学生：它让你想起了什么？虽然教科书里的图片有时可能没有任何说明，但一张图片仍然能传递出有关课文主题的信息，可以帮助学生识别课文主题。只需向学生展示正常图片，学生就能猜测什么是听力文本的主题。

也可以向学生展示一张错误的表格或曲线图，这为他们的听提供了一个概念框架。他们的任务是完成或修改不正确的信息。

（四）情境

大多数学生很熟悉接电话、订餐等情境，可以被用来帮助猜测，比如说，猜测一个对话或一个故事的发展。这些出现在人们的心中的典型的日常情境，有时被作脚本。如果这个脚本对学生完全是陌生的，那它可能适合用于讨论文化差异。我们大多数人都接受比较世俗的脚本，这能让我们预测有些交易性对话的发展方式。

1. 解决问题

教师可以给学生一个问题，要求他们听之前想出解决问题的方法，或者提交一个问题清单。之后，让学生听答案。

2. 神秘的标题

先给学生一些晦涩的标题（这类东西可以在许多网站上找到），要他们猜这是个什么故事，学生的任务是在听之前揭开迷雾，搞清楚发生的事情。

3. 功能

教师可以告诉学生，某个情境是要打一个商务电话。然后学生猜这个电话会怎样发展。电话开始可能是一个人说公司的名字，并说“How can I help you？”等。可以让学生在听之前先试着写一段对话。

（五）教具

所有学生都可以从教具的使用中获益，一般来说，教具能带来激发学生思维火花的记忆和联想。这些记忆和联想就是我们的图式的特征。语言学习情境里教具是连接课堂世界与外部世界的纽带，在普通的英语课上，它特别适合于听趣闻和故事。

1. 旅行指南、地图和宣传册子

地图和旅行指南可以用来引发有关某些地方和旅行或者有关城镇的特点的会话。教师如果能从不同的资源收集到同一产品或服务的宣传册，这些宣传册就会特别有用。一个教师培训者收集到 6 个语言学校的宣传手册，让受训教师仔细研究所授课程背后的原则和方法。

人们都要看宣传册，是因为对一项服务或一个产品感兴趣，宣传册为人们设立了一个场景，能引导人们找到更多信息。宣传册可以是视频，也可以是听力文本，描述使用某个产品或服务的一段经历。

2. 照片

教师可以把朋友或家人的照片带到课堂上来，让学生猜这些人是谁，然后教师对他们进行描述。另一个方法是教师带他们自己不同时期的照片。通常这是一个很有趣的活动，因为衣服和头发的流行款式（以及人）都会发生变化。这里的教具可以是丰富的语言来源。

3. 其他物品

教师可以带一个物体的部件让学生组装，也可以带与听力故事有关的一个物品，让学生猜这会是一个什么样的故事。对于低龄学习者，教师在教时可以带乐高玩具（一辆未来概念车、一幢大楼、一个机器人）。学生分小组拿到他们的玩具组件，任务是一边听教师讲怎样做，一边组装。另一个方法是把要组装的物品藏起来，不让要组装的学生看见，每个小组只有一个人能看见要组装的物品，向小组的其他同学发出指令该怎样做，而他自己则不能碰这些组件。

（六）集思广益

集思广益的第一个目标是想出基于一个话题或问题的大量的看法。起初要不加批驳地接受所有的想法。下一步进行筛选，只剩下那些切实可行的想法。在听前，对只有一个主题的事实性听力内容进行集思广益，效果非常好。

1. 黑板写作

教师可以将全体学生分成若干小组，在黑板上给每个小组划分出不同的位置，并将不同颜色的粉笔分给不同的小组。如果学生是在就相同的话题集思广益，那么他们首先要把他们的想法写在小组的纸上。然后，每个小组派一个抄写员把小组的想法都写到黑板上。另一个方法是就相同的话题给学生提出不同的问题。然后，他们可以先是小组一起集思广益，或者说出他们的想法让抄写员写到黑板上。最后，学生分组围坐在一起，评价黑板上所有的内容，然后再听。

2. 海报展示

教师可以将全体学生分成若干小组，要求每个小组针对某个话题制作一份信息含量大、质量高的海报。可以限定完成时间，以便学生的注意力高度集中。教师可以给学生看词汇网，这对做海报非常有用。做这个练习就像我们平常做海报一样——把它们钉在墙上。然后，教师和学生在教室里边走动边看这些海报。听力材料会提到许多海报里有的单词和意思。当然，这些单词和意思学生都已经思考过、写过、读过。海报订好以后，要求学生在教室里走动，给海报添加内容或详述他们的想法。

3. 从一到多

教师可以将全体学生分成若干小组，然后给每个学生发一张白纸，要求每人写下自己对某个问题或某个话题的看法，然后要求学生以组为单位分享看法，最后进行评价。

四、给学生一个听的理由

学生的图式一旦被激活，就要给他们一个听的理由。一般性的原则包括目标要可行；目的要现实（任务必须能反映听力文本的类型）；学生要参与。他们如果在材料里投入了时间、力气和思考，就更有可能听得成功。

给学生找听的理由的最常见的方法是事先设置问题，可以设置多种不同类型的问题。一种特别有用的类型是有时被称为路标问题的类型。就像真的路标一样，它能给学生指出正确的方向，并确保没有一个人迷失。路标问题让听的人能意识到文本的关键点，并引导他们去理解。

教师可以给学生一个概括了听力材料大意的标题，然后让学生尽可能多地使用相同的词汇来把标题变成问题。也可以给学生一个标题，要他们在规定的时间内想出尽可能多的问题。两分钟一般足够产生相当多的问题，但又不会长到让学生产生厌烦情绪。

在现代教学法中，还是教师的问题来得最多和最快。低端问题只要学生回答非常基本的事实性信息，通常都只有一个正确答案。相比之下，高端问题一般都让人深刻地思考，因为它们经常都是开放性的，可能不止有一个答案，它是那些让学生分析一些东西，或者使问题个性化，甚至可能超出了眼下话题范畴的问题。高端和低端问题对激活学生的图式很有用。一个好的问题会引发思考。教师在课前检查听力材料、寻找有趣的主题、仔细辨别出潜在的不和谐之处并关注文化问题时，应该考虑用提问题的方式来呈现，目的是让学生在听之前进行讨论。还有一类是展示型问题，这类问题显然在听前活动没有其立身之处，因为在这里教师要得到的是一个正确的形式，而不是任何想法。

五、听前阶段注意事项

（1）不要“听了又听”。教师开始介绍主题的独角戏等同于让学生听两次。在听前阶段，让学生尽可能地说。

（2）不要让听前阶段拖得太长。时间要短，节奏要快。

（3）不要只是谈一般性的话题。如果想要介绍听力材料，会话就要多盯住听力材料的内容。听前活动一定要与学生听的东西紧密相关。

（4）不要给学生太多信息。听的有意思的部分就在于“捕捉”新的信息，然后用它去解决问题，证实一个想法，发展一个论点等。听前的目的是介绍主题，而不是提供所有的答案。

（5）如果教师认为有些单词是学生不认识的，而这些单词对理解听力材料或完成布置的任务又是至关重要的，那最好还是预先把它们教给学生。除了理解听力材料的关键一步以外，预教的词汇还可能给学生带来信心，以及潜在的有关主题的信息。在决定是否要预教一个词汇项目时，有几个因素要考虑：教词汇所需的时间；学生掌握新词汇的效率；预教单词的数量。总之，教师要更仔细地考虑什么单词要预教，怎样预教，以及能否在听后阶段推断出生词的意思并得到核实。

第三节　听中技能和活动创新研究

历经数载，我们说服学生在听的时候要做到把说的每一个字都写下来，蜷曲在扶手椅里闭着眼睛听教师朗读，根据提示摆弄彩色积木，夜晚伴着英语声入睡并希望英语能潜入梦境中去。这些方法在某些语境中可能是有效的，但当前最流行的看法都指向一个中心思想——学生必须用某种方式使用他们听到过的信息，听到的内容应该要求得到回应，应该让他们思考并做出反应，教师要求学生做的活动应该促成或帮助形成这种回应。

听是一个非常主动的过程，其间的思维活动非常剧烈，之所以设置听中任务，主要有两个原因：其一，希望学生能出示他们理解或没理解的证据。这可以让我们知道有哪些地方需要干预、澄清或提供进一步的练习。其二，设计好的活动可以帮助学生理解听力材料，这样的活动能为学生提供应该怎样回应的线索；通过强调有趣、讽刺、幽默等之类的地方，为凸显课堂的娱乐因素出一把力；允许学生感知文本的结构（原因和效果、问题和解决方案等）；让学生在整个听的过程中都全神贯注；帮助学生把听力材料“分解”成小节或信息单位；提供一个焦点，给学生指出每个听力材料的重要之处。

一段听力文本学生应该听几遍？有些人认为是一遍。他们指出，在现实生活中，我们可能没有听第二遍和第三遍的机会。但是对教学而言，多听几遍输入可以给学生一个安全网，这能减轻他们的焦虑感。对于一段听力文本来说，还有其他一些因素在起作用：难度、长度、教学重点和潜在的无聊乏味。学生只需要再听一遍他们认为有困难的地方，这样说可能也对。如果重点是分析语言，那就很有必要重复几遍了，而如果重点只是听大意，那就没有这个必要。听三遍恐怕是最多的了，否则学生就要开始厌倦了。此外，如果一个人听了三遍都还听不懂一个单词或短语，这恐怕就不是反复听相同的录音所能解决的问题了。学生听第一遍一般都是为了听大意，当然，偶尔也会需要听具体的信息或细节。他们结对或分组对答案，这会给他们信心，并能帮助他们找到任何有疑问的地方。然后他们听第二遍，既是为了核实，也是为了回答更具体的问题。重要的是，每听一遍都要让学生做不同的任务（听后检查答案与听后回答问题稍有不同）。对于长的听力材料，教师可能要考虑“分解”这个段落，每隔一段时间就停下来。这有助于让长段的听力材料更容易被听懂，避免让学生负担过重。

一、听大意

在课堂上，学生们通常听第一遍听力材料时，只是听大意，即听出主要意思。在开始讨论录音材料的主题、分析语言、研究其发音特点等活动前，学生需要理解说话者整体的交际意图，这就构成了接下来要分析文本的语境和工作的基础。

二、听细节

如果我们要求学生在听第一遍时要听大意的话，那么通常会要求他们在听第二遍时要听细节或具体的信息。近几年，心理学家发现，人们将注意力放在细节上，就会忽略其他信息。

提取需要的信息的技能，要求学生具备忽略听到大多数东西，而只专注于与自己相关的信息的能力。训练这种能力的方法主要有以下几个。

（一）时间、日期和数字

许多听力材料里有很多时间、日期和数字。我们可以让学生把它们记下来，还可以记下它们所代表的意思。这个练习在真实生活中的应用就是记电话号码或地址。

（二）讲两遍故事

这个活动是要学生听出他们已经遇到过的内容所发生的变化。在这里，是一个故事。教师把这个故事讲两遍。第二遍有一些细节发生了变化。学生的任务是记下所有听到的变化或者做一些手势或动作（举手、拍手或起立）来表示他们听到的变化。

（三）Bingo 游戏

这个活动非常适合于选择性听，尽管它实际上阻碍了学生听整体的意思。就这一点而言，只能在听完第一遍，掌握了大意之后才能做这个活动。教师在黑板上写一串听力材料里出现的单词。这些单词都必须是实词——名词和有些合适的动词。学生各自从中选择并写下 7 个单词（或无论多少个，只要是教师感觉合适的就行）。然后，他们听听力材料。只要选的单词在听力材料中出现了，他们就要给它打钩。当钩掉所有的 7 个单词后，他们就大喊 Bingo。

（四）混合重点

学生听相同的听力材料，但重点放在不同的信息上；或者是“收听”不同的说话者。例如，录音是两个人在就某事发表意见，听者 1 听说话者 A 的观点，听者 2 听说话者 B 的观点。这个活动还可以有很多个变种，这取决于所使用的材料。例如，对高水平的学生，可以让一组人听习语，而另一组人听形容词。

（五）看出不同之处

学生看一张图片，并听对这张图片的描述。口头描述包含了一些与图片不同的地方。学生要听出这些不同之处，并在图片上标出来。

三、推断

推断与图式理论有紧密的关系，因为它要求在我们的大脑里呈现出一个情况会如何发展的“模式”。推断是我们对话外意思进行推理的一种思维技能，它完全是对我们所认识的环境进行类比。

我们不会在每次听的时候都情不自禁地要进行推断，只有在特定的时候，才会进行较高层次的推断。这要求情境必须有一个推断的结果，要么是隐藏的没有说的话，要么是情境背后隐藏的事实。换句话说，有一个需要听者填补的“空白”。叙述中的空白是在阅读理论里得到了重视，阅读理论声称这些空白迫使读者要去想象或帮助生成文本。事实上，这种文本的“合作生成”的确是我们喜欢阅读的缘由之一。但是空白的情况不只在阅读上有，在听力上也是存在的。教学过程中，教师要注意，问学生的问题是如何超越书页 / 录音的范围的（要求学生一边听，一边读）。

可以使用暂停与预测的方法练习推断。这个活动的一个优点是随着文本的逐渐展开，对有关的故事情节、口吻、主题、风格和语域，听者的猜测会越来越准确。这个活动主要是制造文本的空白，而听的人要填补这个空白。教师不时地暂停录音或叙述，问学生接下来会发生什么以及为什么。

四、积极参与

积极参与是使用如画画或在地图上找路的技能，将从一个媒介上听来的东西转移到另外一个媒介上去。在如下活动中，让学生听，然后通过口头或将听到的东西进行分类，来做出回应和反馈。

（一）被打断地讲故事

教师在讲一个故事的时候，允许学生不断打断并提问。在中等或较低水平上，如果给学生一个专门的语法结构来提问，这个活动的效果一般都很好，因为这简化了学生的任务。

（二）信息转移

学生根据听到的信息完成一个图表或图画。例如，给每个学生发一张画有空盘子的画。每两人一组，轮流向对方描述那天中午吃了什么，而他的同伴要尽力把食物画到盘子上去。这就是一个简单的、低水平的信息转移活动。

（三）听与描述

教师讲一个故事，但要有规律地停下来，让学生写下来或者进行描述。然后教师应该完整地把整个故事再讲一遍，因为这可以提供一个扩展的、更令人愉快的听力过程。这个活动能让学生生成语言，效果很好。

（四）真相或谎言

学生在纸上分成两栏——真相与谎言。教师讲一个有事实依据的故事，但其中掺有一些虚构的点缀。学生在真相栏或谎言栏里记下他们听到的内容（如把故事中认为是真相的部分记录在真相一栏里）。或者，教师可以使用一些信息，如传记，让学生将信息分别放到真相栏或谎言栏里去。后续的活动可以是让学生互相口述自己的句子，然后再讨论这些句子。根据学生对说话者及情境的了解，对他们听到的内容进行评估。

五、做笔记

做笔记有日常和学术两种用途。在日常生活中，我们可以在打电话或开会时做笔记，与配偶或同伴交谈时写购物清单，随便写一些我们要做的事情，或者在信封背面记下某些临时的想法。当然，写这种形式的笔记与其他用途（譬如大学里使用的这种技能）是有很大区别的。后者的语域一般都更正式，输入的时间也更长，并且图式也更具体，这是因为后者的话题一般是学术科目，所以要求听者与说话者具有一定的专业性。

做笔记迫使学生挑出谈话或演讲中的重点，可以将其注意力提升到一个更高的层次。对许多学生尤其是大学生来说，做笔记是一项重要的生活技能，因为可以把信息记录下来留作以后用。表 3–4 列举了做笔记的一般性方法。

表 3–4　做笔记的一般性方法

做笔记的技巧	理由 / 原理 / 例子
只选择重要的信息	不要把所有东西都写下来。信息密度往往意味着做笔记的效率
重述（使用同义的但更简单的说法）	使用你自己的词汇意味着你对这条信息做了个性化处理
使用标题和子标题	子标题把谈话分成了清晰的段落，让结构更清楚，更容易回忆
使用空白	空白可以表示话题或新段落的开始。在我们日后复习笔记时，它们也能给我们在密密麻麻的笔记信息中留下“喘息的空间”
使用缩写	创造你自己的缩写形式。在笔记形式里，把单词中的元音去掉（识别单词时，辅音更有用）。使用手机里常用的短信缩写
使用符号和数字	使用数学符号，如“+”和“=”，这些符号写起来快。使用数字来组织清单。使用手机里常用的短信缩写

续表

做笔记的技巧	理由／原理／例子
使用强调记号	要强调信息，使用下划线、黑体、大写，或者用其他颜色写
使用图表	大脑工作不一定非得是直线型的。更多的视觉形象会更有效，如枝干图、词汇网

笔记主要是私人的记录，因为不同的人有不同的方法来做这件事，归根结底它是一项个人的技能，但还是可以练习和 提高这项技能。

（一）图表总结

学生完成一张图表作为一种总结文本的方式。图表应该在每个部分里写几个字。这样做的好处是看上去清晰，有利于学生复习。

（二）打电话

学生结成对子，一个学生读事先准备好的电话信息，另一个学生只是把它记下来。如果学校有内部电话，可以把两人放到不同的房间里去，这样就更加逼真了。这复制了真实的打电话的一些特点：没有视觉输入和杂音。或者，让学生背对背地坐下，这样他们就看不见对方了。

（三）有指导地做笔记

给学生写有子标题、数字或未完成笔记的纸来指导他们。子标题显示听力材料的结构，并帮助学生确认转折点，如改变话题或其他语篇里的发展。编了号，但是空白行可以用作提示有多少重点要记录。未完成的笔记提供了参考要点，能帮助学生不跑题。

（四）隐藏的图画

给每个学生发一张人物画，学生都不知道其他人拿的是什么人物。让每一个人描述各自的图画，其他同学做笔记。学生给描述了各个人物的每套笔记都编上号。随后，把所有的人物画都贴到黑板上，学生要把他们的笔记与图画配上对子。

六、听写

听写是一个非常具有灵活性的活动。学生在听写中和听写后都很活跃，对混合能力的班级和大班有好处（因为它完全是接受性的，不要求学生输出），能让学生获得接触有趣文本的机会。另一个好处是它是一项涉及听、说、读、写的多技能活动。这种活动是让教室后面那些精力过剩的学生或梦想家们集中注意力的一个绝妙的方法。

听写的一个常见方法是：用正常速度读听力材料，学生仅仅听；一块一块地读听力材料，留时间给学生写；给学生几分钟时间自己检查；用正常速度再读一遍；给学生几分钟时间结对或分组进行检查；给全班同学反馈（把听力材料的文本发给学生或者写到黑板上）。

需要注意的是，如果听写活动做得不好，教师就会把听的人或写的人变成机器，即他们只不过是话语转录器而已，在听写过程中，只写下听到的东西，而没有真正地思考它的内容。这个问题与阅读能力差的人和小孩朗读时遇到的问题一样，他们朗读单词，但不考虑整个句子的意思，因此会在错误的地方停顿，重读了不该重读的单词。下面给出一些以听写为基础的活动，这些活动要求学生参与互动或决策的过程。

（一）图片听写

教师描述一幅简单的、学生可能见过的名画，有清晰线条但没有过多细节的油画最适合，如达·芬奇的“蒙娜丽莎”、凡·高的“椅子”等。描述结束以后，要求学生根据描述画下来。最后，把学生的画作与原画一起挂到墙上。学生四处走动就好像在画展里一样，开展口头或是书面评论。

（二）互动听写

听写前，教师要强调学生可以在听写过程中打断教师来问如下问题：How do you spell that？ Can you repeat that？ Can you slow down a bit？等。在听写的时候，诱导害羞的学生打断教师的一个好方法是故意飞快地读听力材料。这就逼迫学生采取行动，因为除非他们采取主动，否则就会听不懂。

（三）虚假事实听写

在听写段落里，教师可以故意放一些事实性错误。错误是普通常识性的或者和最近课堂上刚学过的东西有关的。有些教师用这个活动来复习课文，听写一个概要，里面包含 5 个事实性错误。学生要么悄悄地自己改，然后在小组里核对，要么每当听到有错误的地方就大声喊出来。

（四）空白 / 口哨空白听写

教师读一个听力材料，但留下空白处，或者用吹口哨表示空白。此时，学生必须写出一些貌似合理的东西，它不一定正确，但一定要有道理。随后，学生与教师一起讨论他们的答案，确定哪些答案是可能的或不可能的，并说出为什么。

（五）转写

学生给自己的一段短小的演讲进行录音，然后把他们说的话转写下来。一种解决方案是将这个练习设计为补充活动，把转写改写成一篇正式的论文。主要优点是能引起大量的“注意”发生。学生在转写自己的谈话时常常会大感吃惊，可能是意识到自己可怜的词汇量，或者说话时的犹豫不决。转写可以警醒学生，作为语言学习者，他们的路还有多长，它构成了一种高度紧张的听力体验，这与口语考试（考官听得很挑剔）时的情况相似。严格说来，转写还有一个额外的好处，就是显示了学生究竟在哪些地方需要努力，是语法、发音、语篇标记，还是词汇。

七、听和做

与听写一样，它们对具有混合能力的班级很有用，因为许多活动不要求有口头反应，并且说话的部分，一般都非常短，如命令。这意味着，听的人只需要明白几个词就行了。最后，有些活动的合作元素可以让语言能力较差的学生与语言能力较强的学生都做得很成功。

（一）做东西

这需要各种各样的资源，因此对教师的投入要求很多。可以让学生边听操作指南，边手工做东西。有经验的教师有办法将做好的材料留起来重复使用。这样开始时花费的时间和力气就很值得了。

（二）如果……就换位子

将椅子摆成圆圈，椅子的数量与学生的数量刚好一致。教师站在中间说“Change chairs if you drink coffee”，如果学生的答案是 yes 就站起来，在一个新空出来的椅子上坐下。举了几个例子（Change chairs if you have a pet/go swimming 等）以后，教师说“Change chairs if ”的句子，并在一个空位上坐下。有一个学生会因找不到椅子而站在那里。然后，这个学生就要想出一个句子来，说出这个句子并迅速找到一个空位子。如此另一个学生就会站在中间了。依次地，这个学生要想出一个新句子。与“如果……就站起来”活动一样，这个活动也会有许多活力和乐趣。这也是复习所教的语法或词汇的一个好方法。不过，这个活动不要做得时间太长，一般三四分钟就足够了。

（三）抢单词

从听力材料中选大概 15 个单词，写在单独的卡片上，把这些卡片贴在墙上或黑板上。或者，如果学生人数多的话，把卡片多做几套放在桌子上。教师读听力材料或放录音的时候，学生一边听，一边把听到的单词抢出来。谁抢到的卡片数量最多，谁就赢了。或者，学生不是抢单词，而是把单词 / 短语按顺序摆好。活动之前，一定要强调纪律，避免学生之间有较大冲突。

（四）捉迷藏

教师提前在教室某个地方放置目标物体，一个学生被蒙上眼睛，他们的同伴引导他走到放东西的地方。同伴只使用声音，不允许接触。至于目标物体，可以用比较受欢迎的东西，比如一小块巧克力。对大一些的班级，学生可以分组做这个活动，一个人蒙眼，几个人引导。

第四节　听后技能和活动创新研究

听前阶段是给学生做准备，主要是引起他们对话题的兴趣、激活图式，以及用自上而下的理念进行活动。接下来，进入听中阶段。学生现在是真的要“干活”了，投入到实时处理输入的过程中去。再接下来是听后阶段。听后阶段，除了检查答案外，还要查看细节，既要研究自上而下的特点，像听力材料的确切背景或与说话人有关的背景，也要思考自下而上的特点，像单个的词汇或短语。我们还要考虑学生发现问题后如何处理的问题，这个过程有时被称作排疑解难。听力教学的长期目标是确保一个成功的过程（合理使用自上而下与自下而上的信息以及好的策略）和一个成功的产品（正确的答案）。听后阶段是，学生可以在没有要处理实时话语或没有要完成一个任务的压力的情况下，反思他们的听力体验。

听后阶段的活动是把课堂听力看成诊断性的工作。从长远来说，与好医生一样，我们要开出药方——策略、技巧、接触更多的语法、词汇和语篇标记，更重要的是更多的听力练习。还要发现哪些地方学生“没有”困难，以及他们是怎样得出答案的。他们的成功代表了技能的提高，还是仅仅提高了识别快速话语的能力、成功使用了策略，或者只是幸运地猜中答案而已？学生的正确答案并没有告诉我们他们是怎样得出那些答案的，我们需要推断出这个信息。

一、讨论

任何不具有单纯功能本质的（即不是买一张票、去银行、订餐等）扩展听力材料都必须要有趣，足以引发评论、辩论或集中起来的讨论，以及澄清学生在听前谈论过的东西。包含有冲突、争议领域或挑战话题的文本自然适合讨论。当然，对兴趣的理解完全是主观的，但好的教师知道学生对什么感兴趣，他们能够迎合学生的口味。有很多好的听力材料，学生觉得想听是因为他们看见自己的想法和情境在输入中得到了反映，听到的观点证实或挑战了自己的观点，这不可避免地导致了个人的回应。不仅仅题目可能引起反应，还有一些方法可凭借所用的材料或组织学生来创造出听后讨论的条件。

在过去的几十年里，把学生的个人经历、观点、故事等作为教学资源的观念，是语言教学中出现的最有影响力的观念之一。在我们讨论创造性回应的时候，把学生作为资源也是同样至关重要的。讨论可以给学生和教师向全班同学提供个性化和表达自己（有关背景和生活经历）的众多机会。

组织讨论的方法有很多，包括排序、排名、分级、说出某事是真还是假，以及同意的程度是多少。我们使用的方法应该反映输入的内容。如果听力材料说的是发明，那接下来的讨论就应该在某种程度上与发明的排名有关。如果一个听力材料里有偏激的观点，如城市生活的好处，那么自然会引发一个“同意或反对”的讨论，以及诸如此类的东西。

好的听力材料的主题决定了讨论活动的顺利开展。教师可以采用如下方法设计听后讨论活动。

（一）设计问题

教师可以根据听力材料的话题设计一些问题，或者对较高水平的学生，设计一个话题的两套问题。把班级分成两组，每组讨论他们自己的问题，然后由来自两组的人结成对子，互相解释他们小组里讨论的大致情况。

（二）分析利与弊

教师找到话题里包含可以辩论的地方，或者听力材料里提到过的可以辩论的内容，让学生讨论利与弊。最好在讨论前先分小组集思广益。利与弊的辩论活动可以扩展，采用角色扮演的方式开展。两个或两个以上的学生辩论支持还是反对某个议题，区别是教师要指派哪个学生支持或反对这个议题。然后，学生扮演他们的角色，假扮成持各种不同观点的人物。

（三）观点陈述

教师根据听力材料设计一些观点陈述。学生讨论他们是否同意这些观点。另一个方法是让学生给这些观点打分：0 代表完全不同意，1 代表不太同意，2 代表有保留地同意，3 代表完全同意。

（四）个性化

对于水平较高、语言能力较强的学生，教师可以问如果在相同的情境里他们会怎么做，为什么要这么做。在多语种班级里，教师可以问听力内容中的情境是否与学生自己国家里的情境一样。像这样的跨文化讨论常常都富有成效，并有吸引力，因为许多学生都愿意了解同学的文化背景。

（五）给清单分类

教师可以根据话题列出几点，让学生根据重要性、可取性、费用等进行排序。或者，依照文本的情况，学生根据话题讨论“该做什么”与“不该做什么”，并列出他们自己的清单。

二、检查与总结

将学生分组开展活动，有一个很大的好处：许多学生不好意思在全班同学面前讲话，而在小组里讲就不那么害怕了，还能让更多的人多讲一些时间。这一步不仅能给学生信心，还可以暴露他们对输入任何有争议的解读。在这种听后活动中，教师的作用是监督学生的讨论，可以要求学生提供想法的事实依据，确认或否定这些想法，并回答质疑。小组活动以后，教师就要引导全班回答问题了，使用交际法是许多课堂的标准程序。在以学生为中心的教学法中，我们是从学生可以提供的东西上着手的。听完一段听力材料后，我们可以问："What did you understand？ "或者"Work in pairs and try to summarise what you heard"。

好的总结有三点好处：一是，总结是将重点放在重要的东西上，但也要允许学生用他们记得的东西自由和详尽地阐述和添加细节。我们时常发现，在总结的时候，学生乐于回忆滑稽或有趣的细节，尤其是他们学到的特别期盼的表达方式。二是，让学生总结意味着他们是在利用通过听力所获得的信息。这样的活动能体现出我们在教室外大多数的听力活动中所发生的情况。三是，它重点关注的是学生取得了什么样的成功。几乎可以肯定地说，一定有他们没听清楚或没听懂的地方，但是从他们所取得的成功入手，我们着手的是他们的长处，而不是短处。

有关总结的方法主要有如下几个。

（一）精简压缩

精简压缩是一个写作活动，也是一个听力活动。更有可能的是，它是一个思考活动。它让大脑在不同的层次上参与活动。例如，可以让学生用 50 个词写一篇听力材料的总结，然后把它交给同伴，同伴要把它压缩到 30 个词。最后，这 30 个词的总结又交回到第一个人手中，他要把它压缩到 10 个词。

使用这个方法，主要有两个层次：第一个层次是内容，学生必须每次都要把重要的信息写进去，而这涉及要从他们听到的东西里生成事实的层次体系。第二个层次是形式，学生要决定哪些单词可以省略，但又不影响总结的意思。

（二）小组总结

听后阶段，可以进行小组总结。例如，在听了一段故事或者讨论了一个题目后，将学生分成四人小组。小组的每个成员都有笔和纸。他们每人各自写总结的第一个句子，然后把自己的纸传给小组的另一个成员，这个人读完第一个句子后，写第二个句子。他们接着把纸传给第三个人，第三个人先读、后写，以此类推。最后，一共四份总结，它们是由四个不同的人写的。学生根据听力材料比较和讨论这四份总结。

（三）轮流说

轮流说方法很简单，也很有效，也给不爱说话的学生提供了一个发言机会。一个学生就自己理解了的听力材料说出其中一件事情，他的同伴也做同样的事。然后，第一个学生说第二件事，如此进行下去。因为它平均分配说话时间，并给学生一个结构化的回应：只要一轮到他，他就要说出一条信息。

（四）比较笔记

听后阶段，比较学生的笔记，目的是检查事实、理解和缺失的信息；分享更有效的做笔记的方法。可以比较学生在听的时候做的笔记，主要分析他们都写了些什么。教师应当引导学生说出信息，然后将其写到黑板上，作为如何做笔记的样板。在课堂的这一步，可以讨论和消除不同的解读。

三、解决问题

教师提出一个问题，然后让学生使用听力材料来解决这个问题。如果学生已经“上百次”地琢磨过一个问题，他们无疑会有动力要更仔细地听，并与同学一起找到解决问题的方法。可以与听力材料搭配使用的解决问题的任务类型为列清单、分类、排名、根据标准排序、解决道德困境等。

四、交换信息

信息是进步的动力，而分享信息是让社会得以运转和发展的条件。在我们交换信息时，解读也会发生作用，因此信息的分享需要考虑到与学生是否有相关性，而且在英语教学中，不能过分强调无用信息的交换。让语言课堂上，教师可以使用“七巧板”这个信息交换的具体方法，即一个学生听一个故事录音的一部分，他的同伴听故事的另外一部分。听完后，两人一起分享听到的东西，综合起来的东西可以让他们了解一个完整的故事情节。另一个方法是，同一题目有不同的录音，听后学生比较两个观点。对于高水平学习者，可以让每个学生听一个不同的英语新闻广播，如 BBC、NPR、VOA 等。他们一起讨论都听到了什么新闻，重点放在有差异的地方，如节目采用怎样的角度编排，标题有什么不同，每条新闻在广播中的位置体现了什么样的重要性?

五、重构听力文本

教师可以提供文本的片段、破损的文本或者文本的缩写形式，要求学生重构文本。要重构文本，学生就要处理语言的诸多成分：语法、词汇以及口语的语篇特点。除了前面研究的合作听写，以及先记下关键词再重构文本，还有以下几个方法。

（一）重新排序

重新排序尤其适用于对话。教师把脚本裁成一条一条的。学生听完对话，并做了一些听中活动后，要把纸条按正确的顺序排好。这个活动对突出有很强的预测性和功能性的套语很有用，如相邻语对这样的句子。

（二）填空

填空是个最常见的重构文本活动。文本中的一些词被拿掉，学生要填空。这个方法常用在考试里，但也可以用在教学上，尤其是当挖空的是习语、介词、词组（常见在一起的成对或成组的词汇）或相邻语对时。

（三）消失的对话

学生先听，然后再造一个对话，教师将其写到黑板上。学生结对表演这个对话，接下来教师把一些关键词抹掉。学生再一次表演这个对话（出于变化的要求，这次要交换角色），然后教师抹掉更多的单词，最后只剩下原对话的基本框架。当学生表演第三遍的时候，他们发现自己更多的是依赖自己的记忆，以及他们在之前的表演里所习得的大块语言。全班一起做这个活动，靠记忆重构对话，由教师充当抄写员。

（四）故事板

故事板是一种计算机程序（由 WIDA 公司设计），它的原理大致与“刽子手”游戏差不多。整个听力文本或对话都被抹掉，只留下标题、标点和单词所占的空间。

先让学生听听力材料，然后给他们空白的文本。他们把所记得的听到过的单词都打上去。由于计算机程序的工作方式，学生只需要在屏幕的下方打一次单词，这个单词就会在所有文本中该出现的地方出现。活动进行过程中，学生不需要不停地打这些词。当然，他们首先必须要把这些词都打一遍，因为这些词汇是将语言固定在一起的胶水，一旦它们到位，其他一切就都会变得容易了，因为每个句子的结构都变得清楚了。

故事板只不过是一个计算机版的填空练习。用计算机文本软件处理单词几分钟就能写出一个脚本的空白版（教师要做的就是正确地数单词的数量）。然后学生分小组完成这个脚本。可以让全班先一起做头一两个句子，这样他们就能看见要求。需要注意的是，要确保学生已经非常了解这个听力材料，然后才开始做这个活动，否则会很打击学生的信心。

六、分解听力文本

要仔细探究听力文本的突出特点，就要从语法、词汇、衔接手段、语篇标记和发音等角度分解听力文本。

分解一个文本需要智慧和审慎。如果我们想要指出每一个有趣的特点的话，学生要么会变得厌烦，要么会被大量的信息所淹没。听者需要了解音位学的许多特点（如省略）是存在于意思层次之下的。练习这些特点，对大多数的学生，一次只能刺激几分钟。因此教师需要做出判断，这种特点是否要成为学生产出的一部分。或者作为听者，这些练习是否足以让他们意识到这些特点的存在。

分解听力文本基本上有两种做法。

（1）使用脚本。使用脚本是有令人信服的理由的。除了它们能代表一种连续话语的重要来源外，其主要优点是能让学生看到录音里的语言。它们是出现在物理空间里，而不是时间里。声音是短暂的，录音里的谈话随风而逝，而脚本却能让学生反复看、反复读和用于检查。就这点而论，脚本给学生提供了区别单词的输出形式与声音形式的机会。像省略和同化这样的特点，如果有纸张上的视觉语境的话，就容易教得多。可以在脚本上做标记、写注解，留作词汇或其他特点的提醒，但录音却做不到这些。表 3–5 列出了使用脚本的理由。

表 3–5　使用脚本的理由

特点	具体描述
发音	省略、缩写、同化以及连续话语、句子重音、情绪和态度的语调的其他特点
速度	说话者加快和放慢语速的地方及原因
词汇	学生将书写形式与连续话语里词汇的声音联系起来
好的倾听者的特点	回溯、复述、问后续问题
语篇标记	话语功能的信号，像转换话题、缓和观点、回归重点等
词汇间的字形和字音关系	单词在拼写和意思上有关系，但声音上有很大区别（音节改变、不发音字母等）
口语的独特特点	填充词、抢话、犹豫、修复策略

（2）分部分地放录音。趁学生还有短期记忆时，停下来让他们将注意力放到那些我们希望他们注意的地方。教师重复的部分应该能够为语言点展示出清晰的语境，并且还要足够简短，使之能保持在学生的短期记忆里。如果重点是发音，一个基本的程序是教师放那个部分，让学生重复。如果要教的是一个词汇项目，教师可以放出现这个词汇的句子，要求学生解释或使用同义词来检查它的意思，做一些发音练习，并把信息写到黑板上。然后，学生把要学的词汇写到笔记本上。如果要教的是语法、衔接手段和语篇标记，也可以用这个方法。

七、批判性回应

创造性思维与批判性思维常常是紧密相关的。有效的提问（批判性思维的基本元素之一）是一个创造性活动，因为它涉及批判者要把他们自己的思考与所遇到的材料联系起来。从这个意义上说，任何批判都必然伴随创造性的个人回应。语言的使用常常没有中间立场可言，它经常隐藏了意识形态、弦外之音以及文化偏见。一个真正专心听（和思考）的过程是不断地在大脑里质疑说话者的过程。因此，对听力材料的批判性回应的重要元素之一是，要意识到说话者的观点、偏见和成见。

无论是母语，还是第二语言，批判性回应能丰富我们与语言的交锋。它们是语言欣赏和语言解读的一部分。单词传达的意思可能不仅仅是说话人想说的意思。作为一个语言学生，要想提高语言水平，几乎不可避免地就是不仅要不断提高对所说的话的意思的理解，还要提高对说话的方式的理解。在更高的层次上，学生应该开始理解说话人使用的一些修辞效果——讽刺、挖苦、比喻和攻击性语言，带有强烈情绪含义的单词。批判性的听者会探究字面意义背后所包含的深层含义。

对批判性回应是否适合用在语言课堂上还有一些争论。问题的回答在很大程度上取决于学生的类型和语境。专业成人和大学生可能已经具备了批判性回应的能力。此外，他们可能不认为这个方法适用于英语课堂。他们可能只会把语言课看成是学习语法和词汇体系的手段，而不是由有偏见的人来操控语言的表达方式。

我们要给学生提供注意偏见和矛盾的这些特点的机会。指导原则是我们要强调解读的重要性。我们问学生是否同意他们听到的东西，我们还会让学生挖掘说话人的本意，借助于对说话人的了解考察语言的使用，区分事实与观点，评论文本是怎样和为什么会偏离他们的预期，注意到作者使用的有说服力的策略（如话中有话的语言、以偏概全和“时尚攀比”——说服某人做某事是因为“别的人都在做”）。

八、创造性回应

创造性一般都与写作有关，而与说话无关。创造性其实是一种非常普通的口语现象。与写作和口语有关的具有创造性的听后活动主要有如下几个。

（一）拟定标题或教训

要求学生在听完一个故事后，拟定一个标题或想出一条教训，并对结果进行综合评定，全体学生选出最好的。

（二）写滑稽模仿作品

要求学生在听完一个故事后，写一个滑稽模仿作品。作为突出任何一个文本特点的方法，写滑稽模仿作品是一个非常有用的练习，尽管它要求很高。

（三）画图画

可以让学生听一段情境、一个故事或一段描述，然后画一幅表现听力材料的图画。然后，学生解释这幅图画，说明它的含义以及如何反映了所听到的内容。

（四）听音响效果创作故事

可以让学生听一些按序排列的音响效果。听的时候，学生记下表现这个声音效果的动词。例如，如果听到的是某人在哭，学生就写 cry；如果是鼓掌，学生就写 clap。然后，他们围绕这些动词创作一个故事。对能力更强的班级，最后一步是经过一些排练以后，伴着播放的节奏和声音效果的速度讲这个故事。

（五）写续篇

要求学生在听完一个故事后，写一个续篇。要做到这点，他们必须了解大意和原始输入的关键特点：口吻、风格、人物以及故事情节。

（六）“烫座位”

可以让学生听某种包含有冲突的故事或情境。对录音材料做了许多扎实的理解练习后，一个学生扮演故事中的主角。这个学生坐在“烫座位”上，面前是其他学生，他们的任务是采访他。只要烫座位上的学生“很入戏”，这个活动的效果就会很好。由于这个原因，教师可能需要先在烫座位上示范一两分钟。班上其他学生也会从几分钟的准备问题里获益。

（七）语域转换

一个让学生投入到对听力材料进行更深入的处理中去的方法是让他们重新设计文本，例如，把它转换成一个不同的语域，也可以是把一个口语文本转换成书面文本。通过引述听力文本，把一条八卦消息转换成一条小报新闻。我们可以听一个人闲聊他们的日常生活，然后代他们将其写成日记。

第四章
英语发音教学活动研究

本章主要讲述英语的发音教学创新方法，通过本章的学习能够帮助英语教师增长理论知识，同时展示了如何将发音练习与语法和词法教学结合起来，帮助学生理解发音与成功的交际之间的关系和重要性。

第一节　英语发音教学活动的科学认识

本节主要从发音的主要特征以及发音的生理机能进行论述。

一、发音的主要特征

发音的主要特征分解如图 4–1 所示。

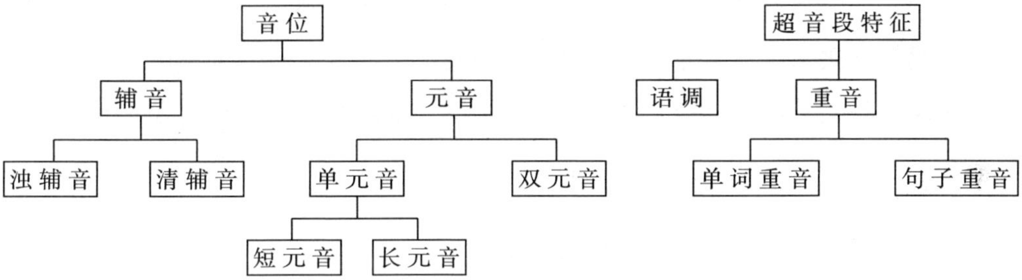

图 4–1　发音的主要特征分解

（一）音位

音位是一门语言中不同的声音。音位分为两类：元音和辅音。但是，它们不一定与字母里的元音字母和辅音字母相一致。

所有元音都是发声的，可以是单元音（像 let 中的 /e/），或是组合元音。从一个元音滑动到另一个元音上（像 late 里的 /eɪ/），这种组合被称作双元音；三个元音的组合被称作三元音（像 our 和 power 中的 /aʊə/）。单元音分短元音（像 hit 中的 /ɪ/）或长元音（像 heat 中的 /iː/）。符号 /ː/ 表示长音。

辅音分浊辅音和清辅音。许多辅音对子基本是相同的，唯一的区别是发声不发声（例如 fan 中的 /f/，van 中的 /v/）。

（二）超音段特征

音位是我们可以分析的声音单位，也被称作音段。超音段特征，是普遍适用于音段组或音位的说话特征。英语里重要的特征有重音、语调，以及声音是如何在连续的讲话中变化的。

对于单个的词，我们可以识别和教授单词重音。通常一个单词里的一个音节会比其他音节更突出，比如 PAper，或 BOttle。单词重音通常在字典里会标出来。

对于话语，可以分析和教授语调和重音。重音让讲话表现出节奏。说话者会在一个话语里选出一个或多个单词用重音来说，这样能让听者听出重点。语调是一段话语中声音的调高上下起伏的方式。在讨论说话时使用“话语”（utterance）这个词，可以避免和“句子”（sentence）混淆。话语指的是我们说的任何的话，包括语法不完整的句子，以及同一句子的不同说法。

话语重音和音调模式经常与意思的交流相联系。例如，在下面这段话语中说话者是第一次问这个问题。在这种特殊情况下，她声音的调高在开始时相对较高，结尾时降了下来，以相对较低的调高结束。这样的语调模式在这里用一个箭头表示。

1 Where do you live?

如果说话者是第二次问这个问题（已经给过信息，但她忘记了），那么调高就在单词 where 上落下，再在问题的尾部升起。这是在向听者表示他知道答案应该是存在的。

2 Where do you live?

下一个例子显示了重音在意思的交流上起着同样重要的作用。话语里最重的音节用大写表示。同一句子里重音音节的变化以各种微妙的方式改变了话语的意思。每个话语后面的括号里是隐含的意思。

I’d like a cup of herbal TEA.（一个简单的要求。）

I'd like a cup of HERbal tea.（不是其他种类的茶。）

I'd like a CUP of herbal tea.（不是一大杯。）

第一个例句是第一次提出要求，而另两个例句明显是想澄清说话者和听者之间的一些误解。可以注意到说话者的声音是如何在大写的音节上落下，这说明了语调和重音是如何在话语中紧密结合的。

二、发音的生理机能

如图 4–2 显示了与发音有关的头和颈的主要部位。在喉部有两片连在一起的被称之为声带的弹性组织，可以一张一合。正常呼吸时，也就是在发清音时，声带是打开的。当声带的边缘互相靠近合拢时，空气通过声带，产生振动，就发出了浊音。声音的调高（多高和多低）是由肌肉控制的。当声带肌肉放松和拉长时，发出低调；当声带肌肉缩短、绷紧时，就发出高调。

我们说话时还使用唇、舌、齿、硬腭和软腭，以及齿龈。鼻腔在发某些音时起作用，下巴的运动也很重要。当气流被阻断，挤压变形，受阻或转向时就发出了声音。

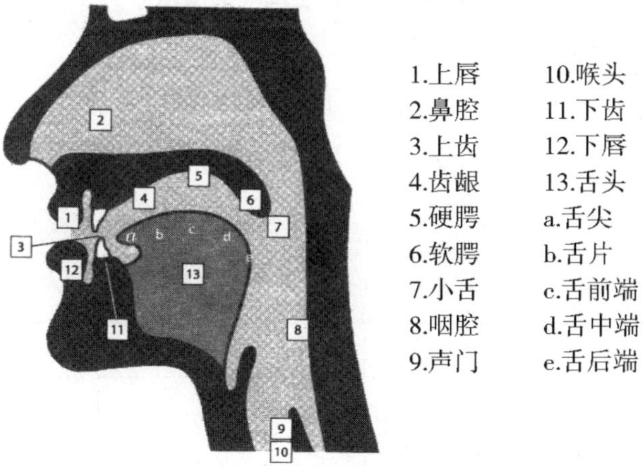

图 4–2　发音部位示意

第二节　元音与辅音教学研究

本节重点讲述元音与辅音的发音教学。

一、元音的教学

（一）纯元音

“纯”在这里被用来区别单元音和双元音。

如图 4–3 是“元音空间”的图示（或是用来发元音的口腔和喉咙部位）。每张图上的点代表着舌头的高度，也是舌头抬起的部位。每张图展示了音位，描述了声音的特点，也提到了舌头和嘴唇的位置，并给了例音来说明拼写音位之间的关系。

下面的图示也显示了用于描述元音发音的基本的嘴唇位置。要注意在真实谈话中嘴唇是不停地动的，我们是一个音接着一个音地说话，在元音和辅音间转换。但是，如果对嘴唇位置拍一个“快照”，下面就是我们看到的情况。

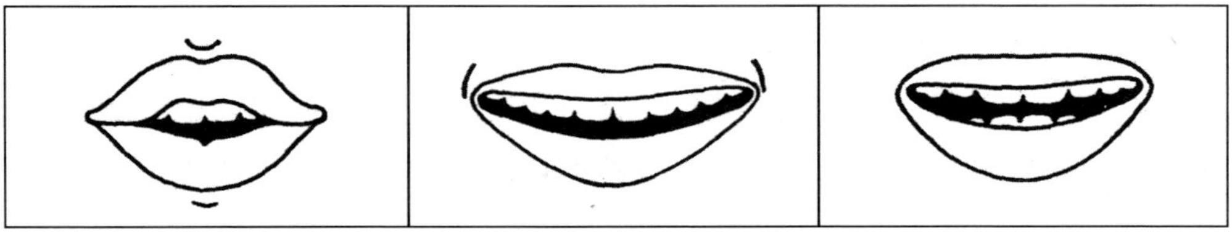

图 4–3　“元音空间”的图示

圆形：双唇收圆并突出。例音：/ʊ/。

扁平：嘴角向两边咧开，像笑的样子。例音：/iː/。

中常：双唇既不明显地收圆，也不扁平。例音：/ə/。

（二）闭元音

在下面图示中提到的语言如下：

阿拉伯语（A）	汉语（C）	法语（F）	德语（G）
希腊语（Gk）	印度语（Ind）	意大利语（It）	日语（J）
葡萄牙语（P）	俄语（R）	斯堪的纳维亚语（Sc）	西班牙语（Sp）
土耳其语（Tu）			

发闭元音时舌头在口腔中的位置很高。从 /iː/ 到 /uː/，也要注意舌头的不同位置；/iː/ 是前元音，/uː/ 是后元音。

iː 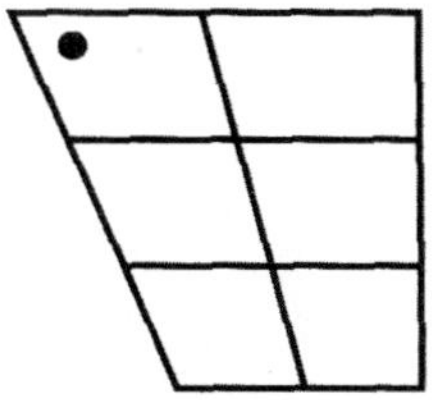	特点： 舌前部位于闭合前段稍后和稍下的位置（闭合的位置指舌头与上颚接近的位置处）。嘴唇扁平，舌两侧触及上臼齿。
	像 bead、key、cheese、scene、police、people、quay
	有困难的本族语者：C、Gk、P、R、Tu
ɪ 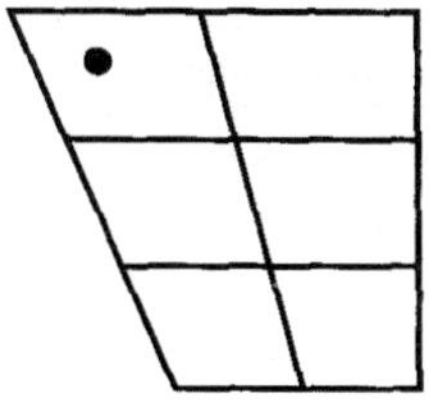	特点： 靠近舌中部，抬高到半闭合位置（不到 /iː / 的高度）。嘴唇扁平放松，舌头较放松，舌两侧刚刚触及上臼齿。
	像 bit、sausage、biggest、mountain、busy、women、sieve
	有困难的本族语者：A、C、F、Gk、It、J、P、Sc、Sp、Tu
ʊ 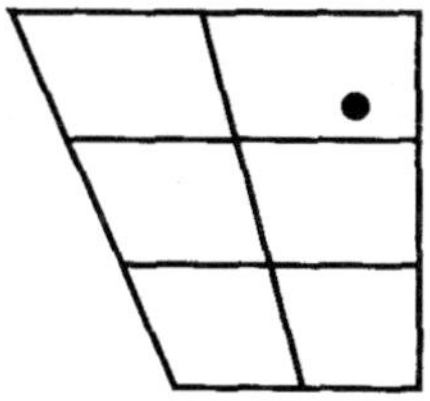	特点： 舌中后部抬高，略高于半闭合位置。嘴唇呈圆形，但放松。舌头相对来说较松弛。
	像 book、good、woman、push、pull
	有困难的本族语者：F、Gk、It、P、Sp、Tu
uː 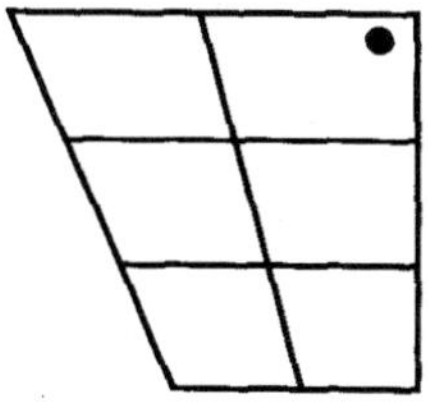	特点： 舌后部抬高至闭合位置之下。嘴唇呈圆形，舌头紧张。
	像 food、rude、true、who、fruit、soup
	有困难的本族语者：C、P

（三）中元音

发中元音时，舌头在口腔中的位置既不高，也不低。从 /e/ 到 /ɔː/，我们也会注意到舌头的不同位置，/e/ 是前元音，/ɔː/ 是后元音。

e 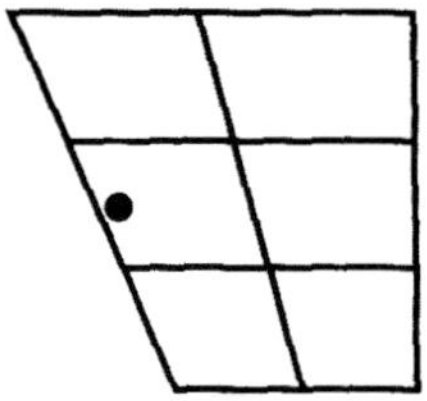	特点： 舌前部位于半开闭之间的位置。双唇呈扁平松弛状，舌头的紧张程度大于 /ɪ/，舌两侧可能触及上臼齿。
	像 egg、left、said、bead、read（过去式）、instead、any、leisure、leopard
	有困难的本族语者：A、Ind、Tu
ə 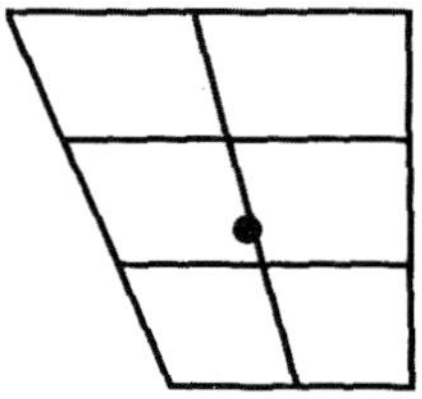	特点： 舌前部位于半开半闭之间的位置。双唇呈扁平松弛状，舌头的紧张程度大于 /ɪ/，舌两侧可能触及上臼齿。
	像 about、paper、banana、nation、the（before consonants）
	英语中常见的元音。从不带重音，许多不带重音的元音在自然语言中常常会演变成此音。此音位区别于其他音位之处是其对立于长元音 /eː/ 并不导致意义改变。此音名称 /fewaː/，源于希伯来语，意为“空无”，或“虚无”。
	有困难的本族语者：A、C、F、G、Gk、Ind、It、J、P、R、Sc、Sp、Tu
ɜː 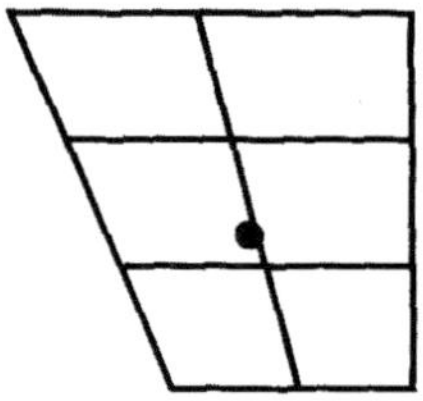	特点： 舌中部位于半闭半开之间的位置。双唇放松，呈中性扁平状。
	像 shirt、ber、word、further、pearl、serve、mytle
	有困难的本族语者：J
ɔː 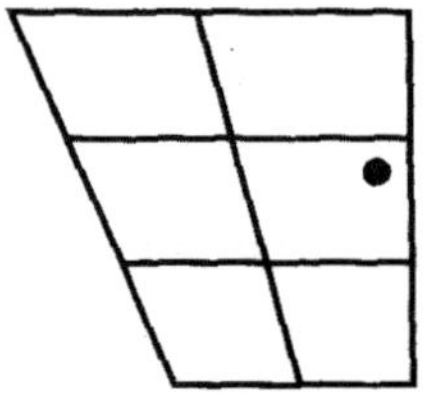	特点： 舌后部抬高至半开半闭位置，双唇呈松弛圆形状。
	像 fork、call、snore、taught、bought、board、saw、pour、broad、all、law、borse、boarse
	有困难的本族语者：A、C、F、G、Gk、Ind、It、J、P、R、Sp、Tu

（四）开元音

发开元音时，舌头处于口腔中的低位。从 /æ/ 到 /ɒ/，我们会注意到舌头的不同位置，/æ/ 是前元音，/ɒ/ 是后元音。

æ 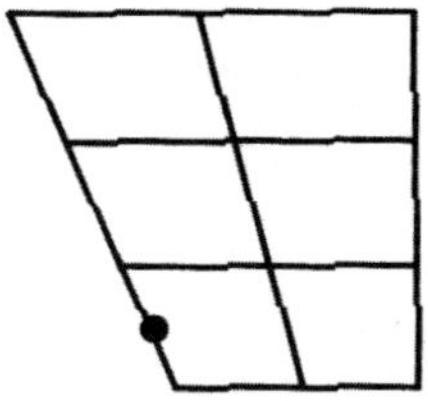	特点： 舌前部抬高，接近半开的位置，双唇呈中性张开状态。
	像 bat、attack、antique、plait
	有困难的本族语者：A、C、F、G、Gk、Ind、It、J、P、R、Sc、Sp、Tu
ʌ 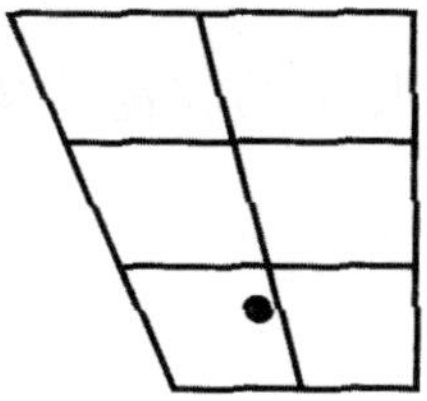	特点： 舌中部抬高至稍高于全张开位置，双唇呈中性张开状。
	像 sun、uncle、front、nourish、does、come、flood
	有困难的本族语者：A、C、F、Gk、It、J、P、Sc、Sp、Tu
ɑː 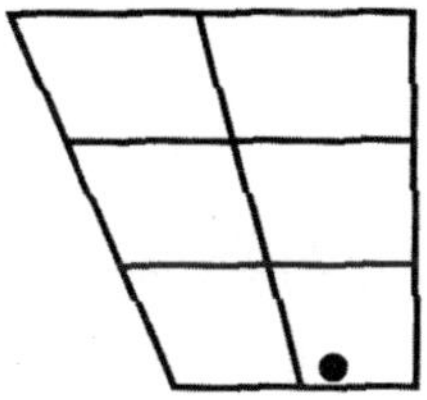	特点： 舌中后部位于自然全张开的位置，双唇呈中性张开。
	像 far、part、balf、class、command、clerk、memoir、aunty、bearth
	有困难的本族语者：A、C、F、G、Gk、Ind、It、J、P、R、Sp、Tu
ɒ 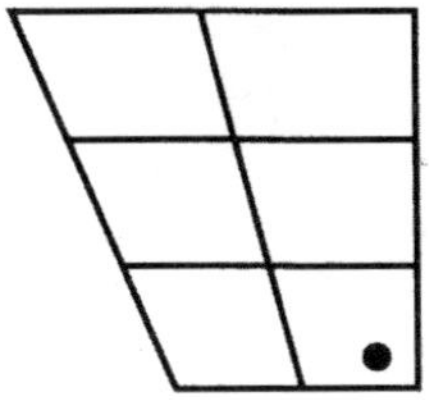	特点： 舌后部位于全部张开位置，双唇略呈圆形状。
	像 dog、often、cough、want、because、knowledge、Australia
	有困难的本族语者：Ind

（五）双元音

双元音大致可定义为“元音的组合”。稍微仔细地分析会发现从一个纯元音到另一个纯元音之间有一种滑动（或舌头、双唇和下巴的移动）。在英语中每个音位里的第一个音要比第二个音长一点，声音高一点，但不是所有的语言都有这个特点。如 house 这个单词（这里的双元音是 /aʊ/），前一部分 /a/ 的音比后一部

分 /ʊ/ 的音要长。

一般来说，英语有 8 个双元音，它们通常按下面的方式分类。

集中双元音向着后面的 /ə/ 滑动。之所以被称作“集中”是因为 /ə/ 是一个中元音。

例子：

（1）clearing /ɪə/

（2）sure /ʊə/

（3）there /eə/

合口双元音朝着 /ɪ/ 或 /ʊ/ 滑动。这个滑动是朝着口腔中的较高位置滑。

例子：

（4）they /eɪ/

（5）boy /ɔɪ/

（6）mighty /aɪ/

（六）操练、重复以及把声音和意思联系起来

操练也是教师教元音的最好的工具之一。语音可以与正在练习的结构或词汇一起操练，这样做可以更好地表现语言是如何服务于课堂上所教的语言的一般环境的。

请看表 4-1 一些方法，可以帮助学生更好地记住声音。教师示范这些声音，学生可以模仿。这些方法是为了帮助学生把声音与具体的意思联系起来，对大多数学习者来说，这会让他们更容易记住这些声音。

表 4-1　元音记忆技巧

音位	具体描述
元音	
iː	这是一个“微笑”的声音，咧嘴大笑，发音时维持时间长一点，要显示出这是一个“长”音。
ɪ	发音时要短，短得明显，必要时可与 /iː/ 对比。
ʊ	这是一个短音，夸张性地将嘴唇向前拱。可提醒学生大猩猩是如何呼叫的。
uː	这是个长元音，发这个音时舌身压缩，舌后部尽量向软腭抬起，这是后元音中舌位最高的一个。

续表

音位	具体描述
e	这是一个短音，发音时用手指着松弛扁平状的双唇口型。
ə	这被称作“Friday afternoon”音位。放松全身肌肉，双肩下垂，脸部和嘴巴放松，然后说 /a/，显出十分疲惫的样子。
ɜ:	这被称作“Something horrible”音位。发音时维持时间长一点，撮起上嘴唇，装出看到令人恶心之物状，如果手头有垃圾箱，朝里看一看，要显示出这是一个“长”音。
ɔ:	这被称作“either / or”音位。将其比作 or 音，要显示出这是一个“长”音。
æ	发这个音时要指出双唇呈中性张开状态。
ʌ	发音时把头轻轻往后一仰。如果与 /æ/ 对比，效果将更好。
a:	这被称作“holding the baby”音位。发 /a:/ 时双手做搂抱婴儿状。要显示出这是一个“长”音。
ɒ	发这个音时双唇稍微呈圆形，向前突出。
双元音	对于所有的双元音，最好的练习方法是让学生先发第一个元音，并保持住发音的位置，缓慢滑向第二个元音。用正常语速结束第二个音。其他建议如下。
ɪə	发这个音时双手拉耳朵。
uə	发第一个音 u，滑动至 ə。
eə	把这个音比作 air。手指头发，说 over there，或 on the chair。上述例子中都有 /eə/ 这个双元音，通过这样示范可将其分离出来。
eɪ	假装听不见某人，说 eh？
ɔ:	最好的例子：toy、boy、enjoy。
ɔɪ	发这个音时用手指眼睛。
aɪ	慢慢地、稍夸张地说“Oh，hello”效果不错。
əʊ	这是“手指夹在门里”的呼叫声。做出手指被夹后的痛苦状，并大叫一声，效果绝佳。

上面的方法不一定适用于每个人，教师要设计适合自己的课堂方式和风格的方法。这些都只是建议而已。

二、辅音的教学

辅音的发音方法指的是各种发音器官与气流的相互作用。例如，发爆破音时，发音器官暂时性地阻碍气流，然后让气流突然冲出。发音方法如下所示：

爆破音	破擦音	摩擦音
鼻音	旁流音	半元音

用发音位置描述辅音让我们更多地了解到各种发音器官的实际作用。例如，“双唇音”这个术语指的是发音时紧闭双唇封闭气流。

气流强弱有强音（强气流音），弱音（弱气流音）。强气流辅音相当于清辅音，在发音时气流冲出的力度要强于弱气流辅音，而弱气流辅音实际上就是浊辅音。就英语的辅音而言，区别发音方法实际都一样的音的最有用的方法是送气，或不送气。如 /p/（清辅音，强音）和 /b/（浊辅音，弱音）。

有时，有些浊辅音可以清音化，例如，像 hard /ha:d/ 尾端 /d/ 的发音就不那么明显。

（一）爆破音

爆破音是指在声腔的某个地方形成了完全的闭合。气流在闭合部位前聚集，然后“爆炸性”地冲出。爆破音有时也被称作塞音。

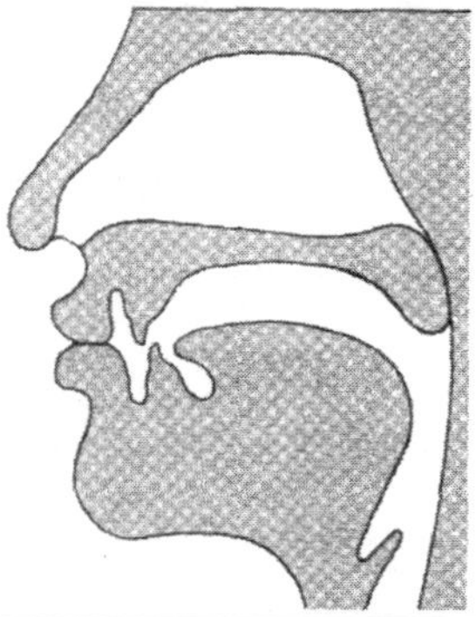	**p** 有困难的语种：A、Ind、P、R、Sp **b** 有困难的语种：A、C、G、R、Sc、P	特点： 双唇音：双唇完全闭合。软腭抬高。/p/ 是清辅音和强音。/b/ 是浊辅音和弱音。词尾的 /b/ 发生清音化。 像 pin/bin、cap/cab、bappen、cabbage
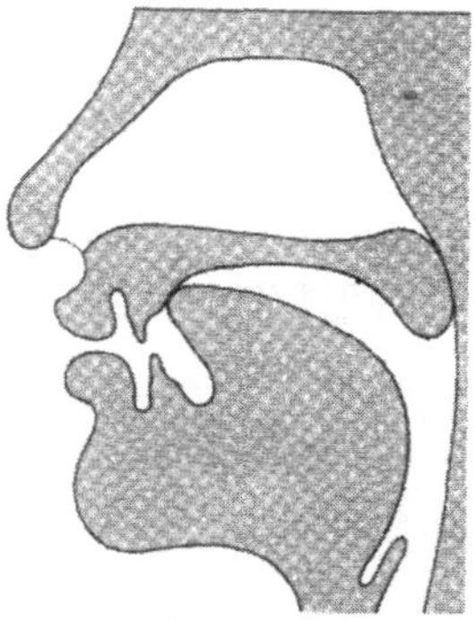	**t** 有困难的语种：Ind、J、P、R **d** 有困难的语种：C、G、Ind、J、P、R、Sc、Sp	特点： 齿龈音：舌端抵住齿槽形成闭合。软腭抬高。/t/ 是清辅音和强音。/d/ 是浊辅音和弱音。词尾的 /d/ 发生清音化。 像 to/do、bat/bad、botter、barder
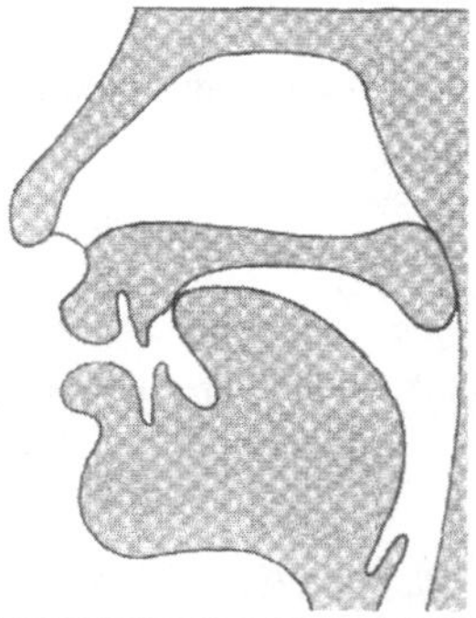	**k** 有困难的语种：A、Ind、P、R、Sp **g** 有困难的语种：A、C、G、P、R、Sc、Sp	特点： 软腭音。舌和软腭形成闭合。/k/ 是清辅音和强音。/g/ 是浊辅音和弱音。词尾的 /g/ 发生清音化。 像 cot/got、pick/pig、packet、forget、queue

（二）破擦音

破擦音是指在口腔的某个部位形成完全的闭合，软腭抬高。气流在闭合部位前聚集，然后以比爆破音稍慢的速度冲出。

<table>
<tr><td rowspan="2">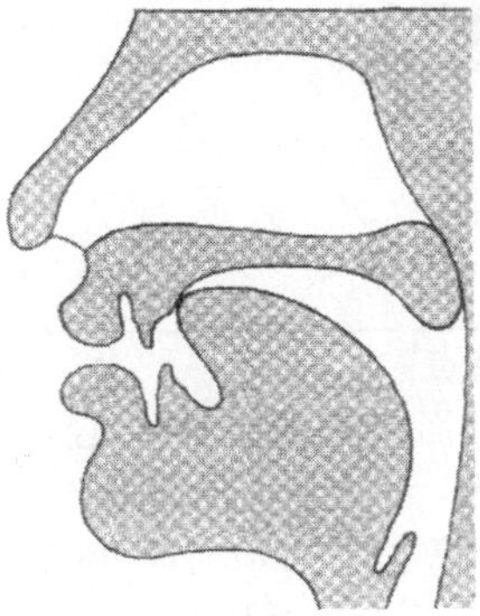</td><td>tʃ
有困难的语种：A、C、F、Gk、Ind、P、Sp</td><td rowspan="2">特点：
舌面齿槽音。舌尖、舌前端和舌面贴近齿槽和双侧牙齿。舌前部抬高，当气流释放时，形成摩擦声。软腭也抬高。/t∫/ 是清辅音和强音。/dʒ/ 是浊辅音和弱音。词尾的 /dʒ/ 发生清音化。
像 cburcb、judge、nature、larger</td></tr>
<tr><td>dʒ
有困难的语种：A、C、F、G、Gk、P、Sp、Tu</td></tr>
</table>

（三）摩擦音

摩擦音是气流通过靠近的两个发音器官的缝隙而摩擦产生的音。

<table>
<tr><td rowspan="2">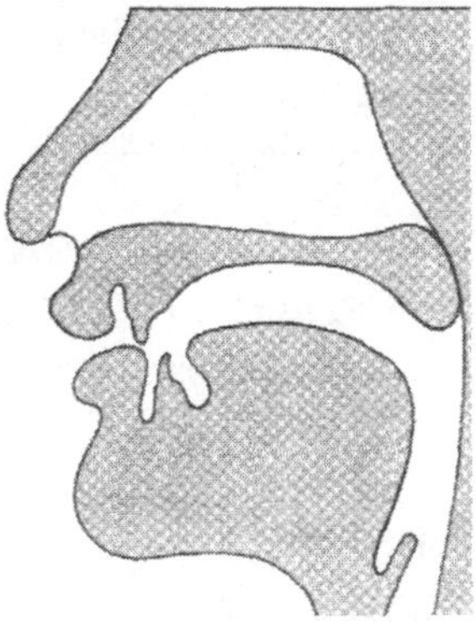</td><td>f
有困难的语种：J</td><td rowspan="2">特点：
唇齿音。上齿轻轻咬住下唇。软腭抬高。/f/ 是清辅音和强音。/v/ 是浊辅音和弱音。词尾的 /v/ 发生清音化。
像 fan/van、hoof、hooves、cafe、cover、phase、above</td></tr>
<tr><td>v
有困难的语种：A、C、G、Ind、J、p、Tu</td></tr>
<tr><td rowspan="2">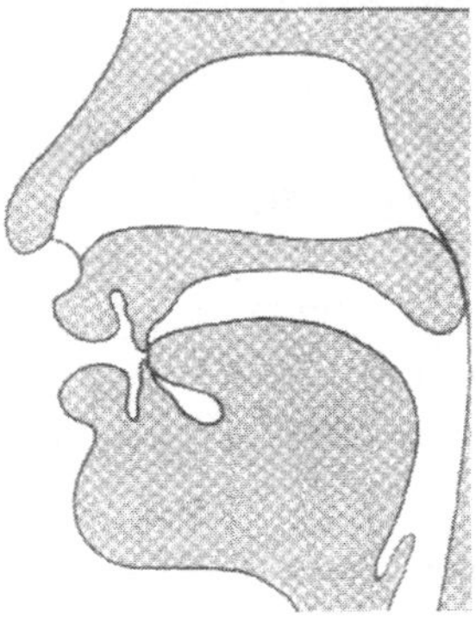</td><td>θ
有困难的语种：A、C、F、G、Ind、It、J、P、R、Se、Tu</td><td rowspan="2">特点：
舌齿音。舌尖触及上门齿。或者上下齿轻咬舌尖。软腭抬高。/ð/ 是清辅音和强音。/ð/ 是浊辅音和弱音。词尾的 /ð/ 发生清音化。
像 think、the、bath、bathe、mathematics、father</td></tr>
<tr><td>ð
有困难的语种：A、C、F、G、Ind、It、J、P、R、Sc、Tu</td></tr>
</table>

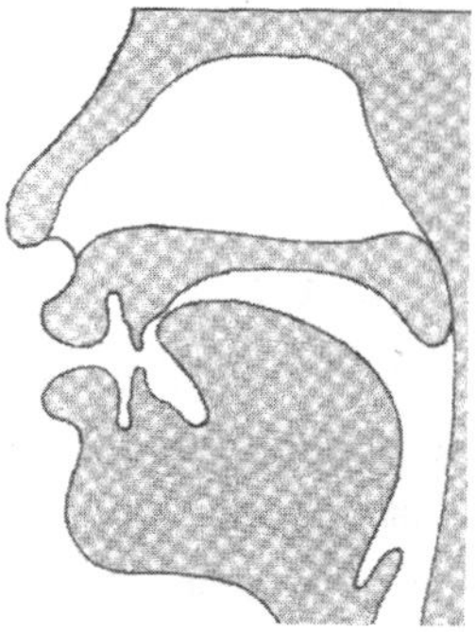	s 有困难的语种：J z 有困难的语种：A、C、F、G、Gk、Ind、It、J、P、R、Sc、Sp、Tu	特点： 齿龈音。舌端轻触齿槽。软腭抬高。/s/ 是清辅音和强音。/z/ 是浊辅音和弱音。词尾的 /z/ 发生清音化。 像 sue/zoo、this、these、icy、bazy
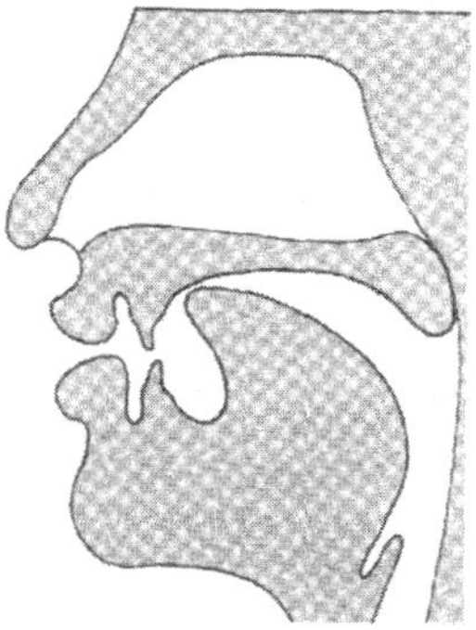	ʃ 有困难的语种：C、G、k、Sp ʒ 有困难的语种：A、C、G、Ck、Ind、It、R、Sc、Sp	特点： 舌面齿槽音。舌端轻触齿槽，舌前半部抬高。软腭也抬高。/ʃ/ 是清辅音和强音。/ʒ/ 是浊辅音和弱音。词尾的 /ʒ/ 发生清音化。 像 she、fish、beige、nation、measure 在英语中，/ʒ/ 不出现在词首，也极少出现在词尾。
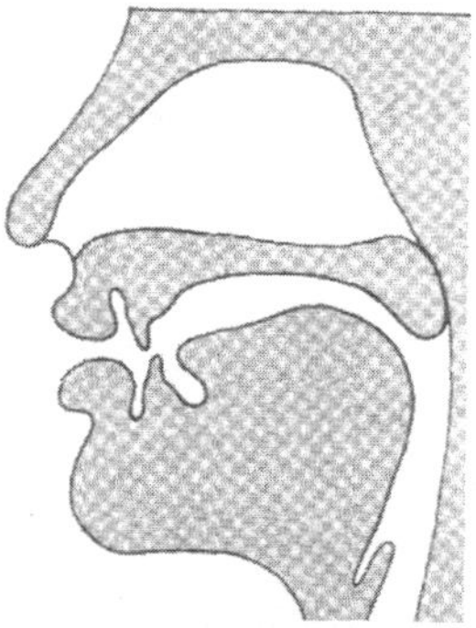	h 有困难的语种：A、C、F、Gk、It、J、P、R、Sp	特点： 声门音。来自肺部的气流通过张开的声门，产生摩擦声。舌唇位置依随后的元音而定。软腭抬高。/h/ 是清辅音。 像 hello、behind /h/ 不出现在词首
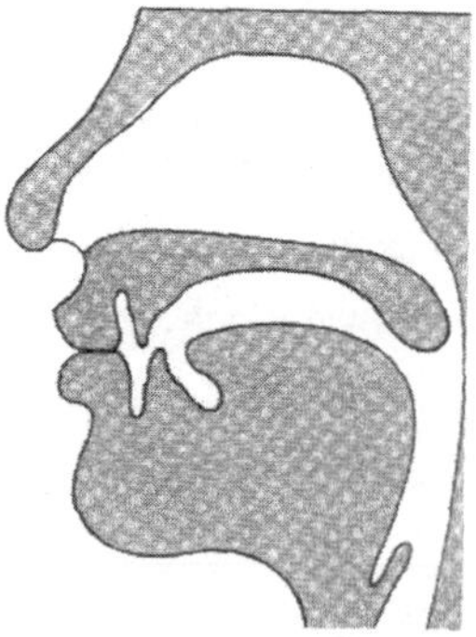	m 有困难的语种：Sp(at end of words)	特点： 双唇音。双唇完全闭合。如后面跟 /f/ 或 /v/，则形成唇齿闭合。软腭放低，气流从鼻腔通过。/m/ 是浊辅音，但在 /s/ 之后会发生清音化，如 smart。 像 more、room、camera

（四）鼻音

鼻音是口腔的某个部位完全闭合，软腭放低，气流从鼻腔通过时发出的音。

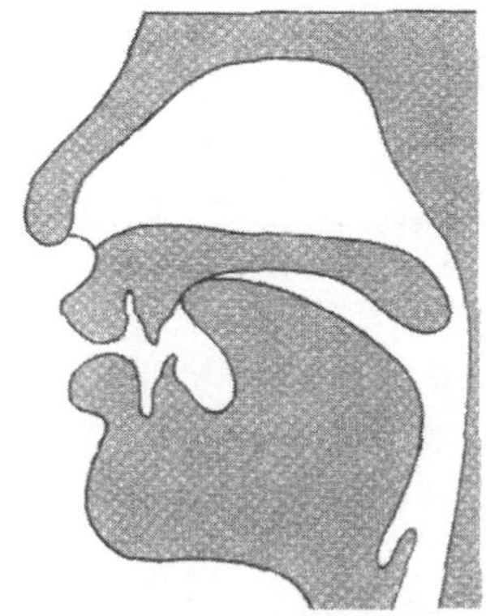	n 有困难的语种：C	特点： 齿龈音。舌端紧抵齿槽，舌侧紧贴两侧牙齿。若后跟 /f/ 或 /v/，闭合在唇齿间形成，若后跟 /p/ 或 /b/，则闭合在双唇之间形成；软腭下垂，气流从鼻腔穿过。/n/ 为浊辅音，但在 /s/ 后可发生清音化，如 snow。 像 no、on、infant、know
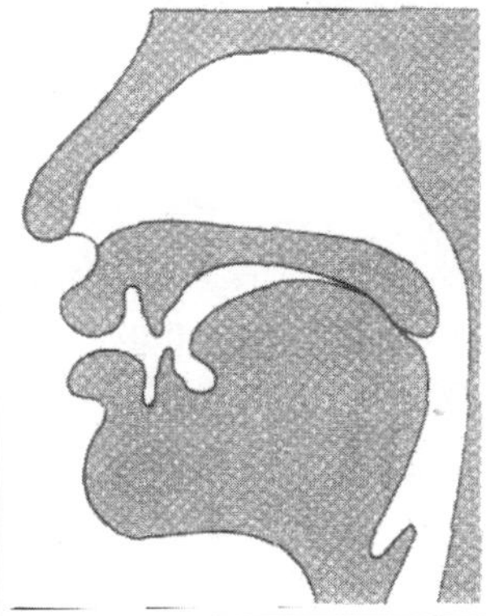	ŋ 有困难的语种：A、F、G、Gk、It、R、Tu	特点： 软腭音。舌后部紧抵软腭，若跟在前元音之后，闭合前移（试比较 sing 和 bang）。软腭下垂，气流穿过鼻腔。/n/ 是浊辅音。 像 sing、sink、singing、sinking /n/ 不出现在词尾。

（五）旁流音

发旁流音时，气流从舌头的两旁空隙处流过。

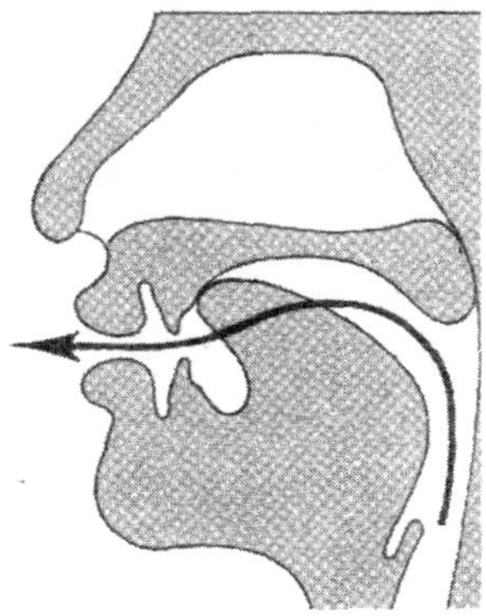	l 有困难的语种：C、J、P	特点： 旁流音。舌端抵住齿槽，形成部分闭合。气流从舌两侧穿过。软腭抬高。/l/ 是浊辅音。 像 live、pool、pulling

齿龈与舌尖相抵发出清楚的 /l/，像 live。这种情况发生在元音前。在元音后，

（像 pool），辅音前（像 help），舌后部朝着软腭抬起，发出模糊的 l（音位变体）。

（六）半元音

发半元音时一个发声器官靠近另一个发音器官，但不完全闭合以引起摩擦或阻断气流。注意 /w/ 和 /j/ 有时被称作半元音，因为它们不像其他辅音那样对气流形成阻碍，但是它们发音的方式与辅音相同。

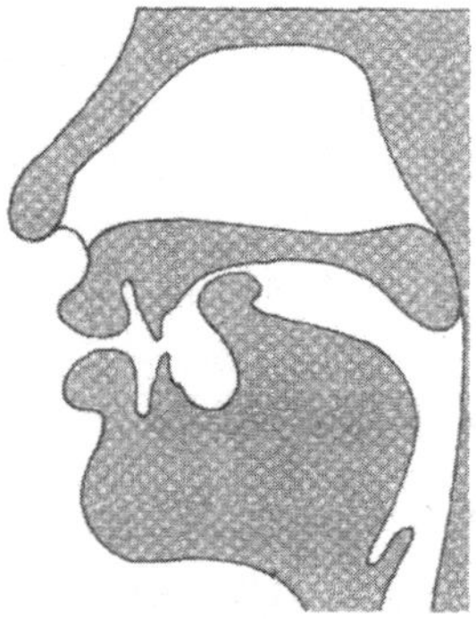	r 有困难的语种：A、C、F、G、Ind、J、P、Sc、Sp	特点： 后齿龈音。舌尖靠近（但不接触）齿槽。舌端接触上臼齿。软腭抬高。/r/ 是浊音。 像 red、burry、party、car
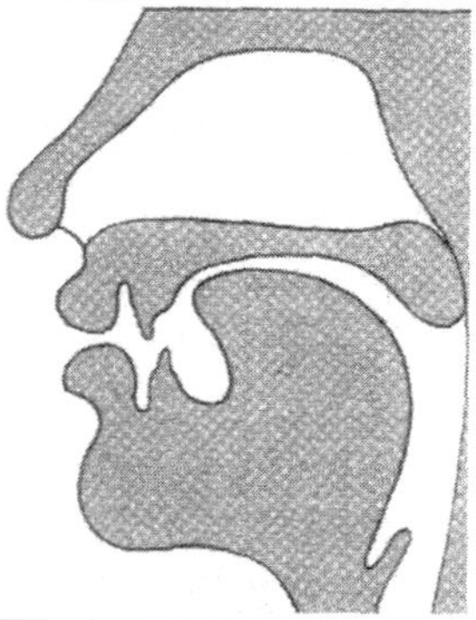	j 有困难的语种：Sp	特点： 硬腭半元音。舌头位于闭合前元音位置（与 /ɪ/ 相似）。软腭抬高。发该音时快速滑向其后的元音。/j/ 是浊音。 像 yes、young、usual、few、queue、educate、suit /j/ 不出现在词尾。
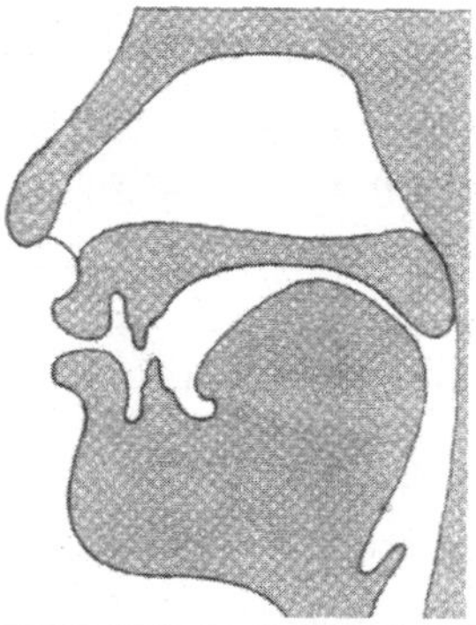	w 有困难的语种：G、Ind、R、Sc、Sp、Tu	特点： 唇腭半元音。舌头位于闭合后元音的位置（与 /v/ 相似）。软腭抬高。发音时快速滑向其后的元音。/w/ 是浊音。 像 wood、walk、wet、wheat、ballway /w/ 不出现在词尾。

（七）使用图释和易于学习者理解的解释

辅音是指嘴的部位和要接触的喉咙，以及它们是怎样阻断、妨碍或改变气流。

辅音的教学，可以使用容易的术语，这样能充分说明许多问题。比如，不用用唇齿擦音来描述 /v/，而用易于学习者理解的解释来描述怎样发这个音。

教师也需要根据班上学生的水平对他们的语言进行调整（对较高水平的学生可以用更“技术”一些的语言）。表 4–2 提供了一些解释发辅音的方法。

表 4–2　辅音学习理解技巧

声音	易于学习者理解的解释
pb	闭住双唇，用力送气，但不要泄漏气流。突然爆出气流，不要发送气声。再来一遍，这次发送气声。
td	舌头抵住齿后的阻挡部分。用力爆出气流，但不要泄漏气流。突然释放气流，不要发送气声。再来一遍，这次发送气声。
kg	舌后部（软腭）紧抵口腔顶部。用力爆发出气流，但不要泄漏气流。突然释放气流，不要发送气声。再来一遍，这次发送气声。
fv	上齿接触下唇，呼气。不要发送气声，维持住声音。这次发送气声。
θ ð	舌前端抵住上齿后部。呼气时让气流穿过。不要发送气声。维持住声音，这次发送气声。
sz	舌前端轻轻抵住齿后的阻挡部分。呼气时让气流穿过。不要发送气声。维持住声音，这次发送气声。
ʃʒ	舌前端抵住上齿后部。呼气时让气流穿过，发出 /s/ 音。然后稍稍后移舌头。不要发送气声。维持住声音，这次发送气声。
h	张开嘴，呼气。不要发送气声，但努力发出声音来。
m	闭合双唇。发送气声，让气流从鼻腔穿过。
n	把舌前端紧抵齿后部。发送气声，让气流从鼻腔穿过。
ŋ	把舌后部紧抵口腔顶部。发送气声，让气流从鼻腔穿过。
l	舌前端抵住齿后部。发送气声，让气流从口腔中穿过。
r	舌尖卷曲指向口腔顶部，发送气声。
j	先发 /iː/，紧接着发 /ə/。然后合并两音，发短一点。
W	先发 /uː/，紧接着发 /ə/。然后合并两音，发短一点。

也可以用其他方法帮助学习者发特殊的音。有一个方法专为讲解 /p/ 和 /b/ 的强弱特点而设计。将一张小纸条挂在唇前，轮流发这两个音；发 /p/ 时，纸条应该动得多一些，这是因为发这个音时气流强。表 4–3 为辅音发音建议。

表 4–3　辅音发音建议

音位	帮助学生发音的建议
pb	唇前挂一张纸条。发音时纸条被吹动的是 /p/，未被吹动的是 /b/。
td、kg	将火柴或打火机置于面前，发音时火苗抖动较大的是 /t/ 和 /k/，较小的是 /d/ 和 /g/。
fv	掌心面对嘴，发音时手上气流感较强的音是 /f/，较弱的是 /v/。
θ ð	一根手指按住双唇，舌头努力伸出接触手指，呼气，接着发送气声（这些位置有些夸张，但这样试会有效果）。
sz	蛇会发出什么声音？（/s/）接着发送气声。
ʃʒ	如果你想让别人不要说话，保持安静，你会发出什么声音？（表演“shh……”，必要时加上手势）。然后发送气声。
h	把掌心面对嘴，张嘴呼气。不要发送气声，确保手心上能感到气流。
m	联想喜欢的东西（如美味食物，Mmm，nice）。
n	找个词做例子，/n/ 需是该词的尾音，维持住这个音，让学生模仿。
q	用“–ing”词汇为例做示范（如 singing）
l	用重复音节来示范，如 lalalalala。
r	翘起舌尖，指向，但不要接触到口腔顶部。呼气，发送气声，尽量维持住声音长度。
j	微笑，然后发 /iː/，快速发 /ə/，合并两音，发短一些。
w	吹口哨时嘴唇是什么形状？用送气声发 /wə/。尝试发 /wə wæe wi：wa：wuː/ 等音，练习与不同元音组合的发音。

上面表格里的一些建议也可以用于发其他音位（例如，“将手掌放在嘴前”这个方法不仅用于发 /f/ 和 /v/ 效果很好，对发 /p/ 和 /b/ 也同样有效）。

第三节　单词和句子重音教学研究

本节重点讲述单词和句子的重音教学创新研究。

一、单词重音

（一）单词重音的概念

以单词：qualify、banana、understand。它们都有 3 个可识别的音节，每个单词里都有一个音节比其他音节的声音要大一些。因此，我们听到的是 QUAlify、baNAna 和 underSTAND（用大写表示的音节是重读音节）。每个重读音节在单个的单词里、在调高或是说话者声音的水平上都有变化，而重读音节里的元音也会拖长。

重音可以落在单词的第一个、中间或最后的音节上，就像下面这样的情况：

Ooo	oOo	ooO
SYLlabus SUBstitute TECHnical	enGAGEment baNAna phoNEtic	usheRETTE kangaROO underSTAND

第一组单词的重音都是在第一个音节上，第二组单词的重音是在第二个音节上，而第三组单词的重音是在第三个音节上。

如果一开始不能识别一个单词的重音位置，可以尝试把它放到一个短句的最后，并说上几遍（比如，It's in the syllabus； He had a prior engagement； I don't understand ），可以帮助确认正在考虑的单词模式。另一个方法就是假装被吓了一跳而脱口说出这个单词，或是对提到的这个单词大感吃惊而说出这个单词（比如，SYLlabus？ baNAna？ kangaROO？ ）

有的人会觉得找出重音位置相对容易，而其他人则要花些时间才能做到这一点。如果能让学生在一开始就注意到重音，然后练习识别重读的音节，那他们就能在说话时更好地、更恰当地使用重音。

（二）单词重音的规则

下列清单提供了一个重读音节的简明指南。但是把它们看作趋势的描述而不是规则会更准确一些，因为它们仅仅显示了大多数的情况，而总是有可能发现例外的情况。有些用法需要教师教学时在恰当的时候向学生进行讲解。也可以利用这些知识来帮助学生在某一个特定的时间发现适用于他们正在学习的语言，但要牢记它们仅仅只是一些经验法则而已。

核心词汇：许多日常名词和两个音节长度的形容词都重读第一个音节。例如：SISter、BROther、MOther、WAter、PAper、TAble、COFfee 和 LOvely 等。
前缀和后缀：在英语中前缀和后缀一般不重读。看这些单词：QUietly、oRIGinally、deFECtive 等。（注意前缀中也有例外，像 Bicycle 和 DISlocate。）
复合词：由两个单词组合而成的词汇一般重读第一个成分。例如：POSTman、NEWSpaper、TEApot 和 CROSSword。
有双重作用的单词：既可以用作名词，也可以用作动词的单词，做名词时一般重读第一个音节（与上面“核心词汇”的规则一致），做动词时重读最后一个音节（与“前缀规则”一致）。例如：IMport（n），imPORT（v）；REbel（n），reBEL（v）；INcrease（n），inCREASE（v）。

（三）重音的级别

在较长的单词中音节的重读可以分成不同的级别。为了在理论上更加准确，我们应该就重音的不同级别考虑所有的音节，而不是只考虑重音的出现或缺失，尤其是在处理单个词的时候。不同的评论家已经归纳出一个单词里五个不同的级别：以单词 opportunity 为例，丹尼尔·琼斯（Daniel Jones）将这个单词划分成下面所示的 5 个重读级别。“1”表示重读的最高级别，而“5”表示最低级别。

2 4 1 5 3
/ɒpəˈtjuːnɪtiː/

但琼斯对此进行了补充说明，他认为这个观点需要修正，这里的重音会受到“元音的细微差别和辅音长度”以及“语调”的影响。

许多评论家决定采用三级差别，分第一重音、第二重音和非重音，就像下面的例子。

o . O . .
opportunity
O . o
telephone
O . o
substitute

实际上，两级差别（重读或非重读）从教学目的的角度来说一般已经足够了。许多人（包括许多教师）在识别两个以上的重音级别上有困难。两级重音已足以让学习者的耳朵和注意力适应重音在单词和话语中所起的作用。

总之，教师对一个问题的理解越深，他的教学就越可能好。教师应该尽可能地掌握更多的知识，这样才能更好地决定课堂上应该要讲的内容。如果学生注意到或要求了解两级以上的重音知识，那当然应该在课堂上讲解和讨论这个问题。教师必须以专业知识为后盾，有信心能就这些讨论的方法和内容做出明智的决定。

二、句子重音

（一）句子重音与调核音节

在话语中使用重音能帮助我们表达和理解较长的语句，同时重音与语调有紧密的联系。

看下面这个句子：

he LIVES in the HOUSE on the CORner

这里，在应该使用大写的地方（如 he）没有使用大写，是为了让大写专门用于区别重读和非重读音节。上面这个例句表达了三个不同的意思：他住在一个特定的住所里；这个住所是会话参与人所认为的一幢别墅，而不是一套公寓或一幢平房；这幢别墅的确切位置是在两条或多条街道的交界处，而这个交界处对听者来说是熟悉或是显而易见的。这给了我们三个实词（lives、house 以及 corner），这三个实词表达了这个句子里最重要的意思。话语的其他部分是由功能词组成的，功能词有助于把语言组织在一起。

单词 corner 有两个音节，第一个音节重读，第二个音节不重读，就像这样：<u>COR</u>ner。

如果问“Where is John house？”，而它恰好是在两条或多条街道的交界处，而且这个交界处两人都熟悉或者它是显而易见的，可以这样回答：It's on the <u>COR</u>ner。

这个句子里 corner 的第一个音节是调核音节，它用下划线表示。corner 是这个句子里最重要的单词，因为它有效地回答了问题“Where?”调核音节在一个话语中是发音最重的音节——它的发声一般更长，更响亮，并带有主要的调高变化（在这个例子里，声音的调高在调核音节上下降）。

另一方面，如果一个朋友要向另一个人确认 John 的房子在哪，如果问：Where did you say John lives? 在这种情况下，可以这样回答：

He LIVES in the house on the <u>COR</u>ner.

这里，lives 读得要重一些，所以它用大写。这个句子里的 lives 是启动音节，它使调高保持在一个合适的水平直到 cor-（它仍然是调核音节）的位置才落了下来。house 这个单词在这里没有重读，是说话者之间共享的知识，没有必要指出。在 house 上或许能感觉到一点重读，但相对于 lives 和 cor-，它不那么明显。

（二）句子重音与弱读形式

在英语里大量的单词都具有一个“完整”形式和“弱读”形式。例如，请在下面这些例句中比较单词 can 和 m 的使用：

She can / kən / swim faster than I can / kæn / .

（第一个 can 是弱式，而第二个 can 是完整形式。）

She's from/frəm/Scotland. Where are you from/frɔm/.

（第一个加 m 是弱式，而第二个 from 是完整形式。）

这些单词的发音各有不同，大多都是功能词，置于实词之间，从语法上保证句子起作用。

接受性练习能用来让学生熟悉这个观点，并逐步识别不同的形式。产出性练习也能用来帮助学生达到他们的发音目标。

要记住在教某些位置的弱读形式时，完整形式是必不可少的。同样，有些时候，说话者也可能出于某种原因希望强调功能词。如：

No, I was coming FROM the station, not going TO it.

弱读形式是日常口语的一个重要特点，学生应该熟悉它们，经常练习强、弱形式。

第四节　语调教学研究

语调指的是我们在说话时声音升高降低的方式。它是我们表达自己想法的基本方式，有助于理解他人说话的意思。

一、声调、调核音节和声调单位

话语由音节组成，而话语中发生主要调高变化的音节被称作调核音节。建立并将调高保持到调核音节上去的音节叫启动音节。因而，在下面这个例子里 lives 就是启动音节，Lon 是调核音节。

she LIVES in LONdon.

也可以用箭头表示这句话里的语调格式：

She lives in London.

从启动音节保持到调核音节的调高被称作调。

在上面这个例子里只有一个调核音节，可以说这个话语是由一个声调单位组成。包含有一个声调单位的话语可以这样表示：

//she's LIVES in LONdon//

有两个调核音节，也就是两个声调单位的话语可以这样表示：

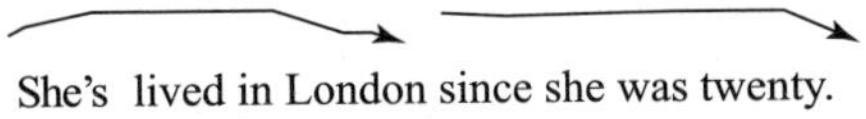

要注意调核音节是一个声调单位里的最后一个重读音节。

再如：

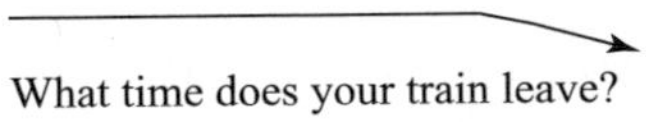

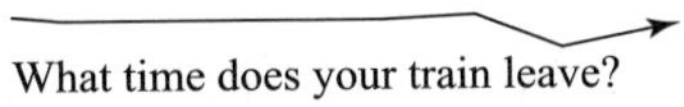

第一个句子表示一个要求新信息的问句，第二个是说话者要求确认某件他认为已经被告知过的事情的问句：所用单词都一样，但两个版本使用的语调格式却有差别，可以看到调高的变化主要是在调核音节上。

一个声调单位里的调高的主要变化被称作声调。在上面的第一个问句里，声调被描述成降调，在第二个句子里被描述成降—升调。

二、语法与语调

语调格式与特定的语法结构类型之间存在着一定的关系。

· 用 who、what 和 where 等开头的信息问句：（如果是第一次被问）用降调，如 What's your name？ What's the time？ Where do you live？

· 期望"yes / no"回答的问句：用升调（Is it the blue one？ Have you gota pen？）

· 陈述句：用降调（He lives in the house on the corner. It's over there.）

· 祈使句：用降调（Sit down. Put it on the table.）

· 期望得到确认的附加问句：用降调（You're French，aren't you？ He's very, tall isn't he？）

· 显示不肯定的附加问句：用升调（You're French，aren't you？ Your train leaves at six，doesn't it？）

· 物品清单：升调，升调，最后降调（You need a pen，a pencil and some paper. The stall sells ribbon，beads，elastic and buttons.）

相同的句子可以用不同的方式来说。“What time does your train leave？”这个问句出于不同的目的，既可以用降调，也可以用降—升调。对于“yes / no”问句也有更多的选择。例如，为了排除可能性，我们有时可以，也确实使用降调。

Is it the blue one？ …No？ Is it the red one，then？ ...OK，is it the green one？

上面这些例子可以在帮助学生选择合适的语调方面提供一些指引。但这些只是一些概括，而不是规则。

在首次教语法现在完成时的时候，并不需要把所有有关现在完成时的东西都介绍给学生，只是介绍一些基本的规则，目的是让学生看到在某些情境里它是如何使用的。

三、态度与语调

研究语调的还可以看它如何根据说话者对一个情境的态度而发生变化。例如，“That would be nice.”（假设这是针对一个邀请的回复），可以表现出狂喜、有点高兴、惊奇、释然、讽刺以及厌倦。在实际的面对面交流中，许多东西都影响着传递和理解一条信息的方式，这包括对说话者的身体语言的观察，以及我们对其个性、好恶的了解。语调会提供重要的标示，但同样重要的是要知道选用的语法和词汇也是对于一个情境所持态度的明显标志。

有时，相同的语调格式可以用来表达截然不同的态度。在以就事论事的语调说话时，一般使用一连串的降调。但也可以说这样的语调格式是某人在表达一种如释重负的感觉。此外，像说话者在开始和结束时声音的调高的不同以及元音长度的不同，但基本的语调格式却是相同的。

请看下面运用语调与态度关系的一些不同方法。

第一种方法是将使用的语调与词汇短语联系起来。词汇短语是在日常交际中使用的短语，特点是如果将其分拆进行分析的话它的意义就不存在了。它们可以被看作占据着词汇和语法的中间地带。下面是一些例子：

How do you do？

How are you？

See you later.

See you soon.

At last！

Look on the bright side.

Don’t get me wrong…

As for me…

从语调的角度来说，词汇短语的一个特点是许多这样的词语是作为声调单位发出的，只有一个主要的声调变化。例如，在第一次介绍给某人时，在一个相对正式的场合里，下面这样的话语是得体的：

//↘HOW do you DO//

这是一个完整的语句，其降调本身就是信息的一部分。

语句 Don’t get me wrong…，可以用于发表个人观点，它常采用下面的语调格式：

//↘↗DON’Tget me WRONG//

显然这个语句后面要跟其他的信息，但它却是以一种典型的、可预见的格式表达的。

其他语句可能不包含一个完整的声调单位（这是一个话语或只有一个声调变化的话语的一部分），但却可以用来介绍一个声调单位。例如，I’m not stare whether to… 常被用来介绍一个特定行为的几种可能的选择。这个短语本身不是一个声调单位，但在介绍主要的选择前，它可以是一个带有声调变化并有相当水平的语调。

//↘↗I’m NOT sure whether to go to SPAIN//↘or PORtugal//

一个类似的介绍性语句是 What do you make of…？它可用于引导出听众的观点。它常在话语的主要信息前，与一个相当水平的语调格式一起使用：

//↘WHAT do you make of that new TEAcher//

四、语篇与语调

语音的语篇教学法研究我们在说话时所使用的重音和声调如何将话语与其周围的语言联系起来。语调可以在话语、会话或独自中用来表达意见和信息。如：

You need，pen，a pencil，and some paper，

一般在 pen 和 pencil 上用升调，表示后面还有东西要说。然后在 paper 上用降调，表明这是清单的结束。

范围更广的会话语境很重要，我们可以看到说话者用语调表现出他对什么是共享的知识，什么不是共享的知识的理解。在这个句子里：

When you get to the office，you'll see a tall man named Sean.

Sean 这个名字是一条新信息，在这个字上用的是降调。下面这个句子表现的是另一种效果：

When you see Sean，give him this letter.

这一次，Sean 上用的是降—升调，表明这个名字是共享的知识。它也有助于表明紧跟着的指令是要执行的。我们所做的选择，尽管大多数都是无意识的，仍然能帮助我们指导和控制我们的谈话。

最重要的基本语调选择是在所谓的指示声调（r）和声明声调（p）之间进行选择。在英语中这两个最常用的声调是降调和降—升调。降调被称作声明声调（p），而降—升调是指示声调（r）。

这两种语调的选择可看作是两个选项。一个选项是说话者在表示信息被认为是新的或者是在讨论中添加的东西。在这种情况下，要使用声明声调。我们也使用声明声调去陈述事实，表达我们认为是正确的观点，或者要求得到新的信息。另一个选择是说话者指出的信息他认为是说话者间共享的信息。在这种情况下，要使用指示声调。在问句里，我们使用指示声调来确保我们所说的话是正确的，或是要核实这个信息。

启动音节一般设立一个调高，它会一直保持到调核音节的位置。这个持续的调高被称作调。使用高调一般意味着说话者是在拿某个东西与先前说过的东西进行比较。以高调开始一个会话一般是吸引听者兴趣的好办法。中调通常是在已经说过的话里加了东西，而低调是表示这个信息是先前话题的自然跟进。总之，调在两个方面来讲是相关的：它与先前已说过的话相关，也与说话者的声音质量和特有的说话习惯相关。

第五章
英语教学模式研究

近年来，随着后方法时代（the post-method era）的到来，国际外语教学研究正从研究那些主要的教学法流派转向教学模式的研究（a shift from principal method to principles in method），即将多种方法的教学原则综合运用于教学中去。

第一节 英语趣动展教学模式

趣动展教学模式抓住导入新课环节，运用多种教学手段，引发学生的学习兴趣。把静态的词、句、文的学习变成以学生为中心的各种活动，让学生在课堂上充分地动起来。

一、教学模式概念

趣就是兴趣。动包括内动和外动，具体是指身体器官的动，认知结构的动，主体意识的动。展是指发展、拓展，即发展实践能力，拓展创新思维。“兴趣”是学生获得知识、形成智力活动的动力。

趣动展教学模式由低年级新授课教学模式、故事活动课教学模式、巩固课教学模式、复习课教学模式四个子模式组成。

（一）低年级新授课教学模式

1. 模式概念

低年级新授课教学模式把激发和培养学习兴趣放在首位，通过教师设置悬念、运用形体语言、猜谜等方式导入新知，通过有趣多变的操练强化新知。

2. 教学步骤

（1）热身准备。根据课堂的主要学习内容来设计“热身”的形式，利用问答设置悬念，运用形体语言、猜谜等多种形式唤起学生对已有知识的回忆，组织学生以各种方式复习与本课内容相关的话题。

（2）趣味呈现。整体感知并理解课文，明确学习与运用任务目标。通过听录音、出示课件或表演等形式提出主线问题，引领学生感受语言具体情境与语篇表达的话题功能。

（3）趣味活动操练。设计有效的语言活动，组织学生进行互动交流，在使用过程中帮助学生学习、掌握主要目标语言与词汇；帮助学生在新知、技能和运用任务之间建立联系，为运用语言技能形成语用能力作准备。

（4）交际巩固。运用所学的语言进行有意义的交际活动，形成综合语用能力。

（5）综合运用。创设真实或仿真的情境使学生运用学习到的语言点。

小学中年级英语新授课教学行为设计如表 5–1 所示。

表 5–1　小学中年级英语新授课教学行为设计

教学环节	任务目标	学生行为	教师行为
Preparation 热身复习 进入情境	唤起英语学习的欲望，主动回忆旧知，积极建构新知	1. 积极主动地参与歌曲、歌谣等表演活动。 2. 利用已有知识经验回答教师提出的问题	1. 组织学生唱歌曲、说歌谣，帮助学生迅速进入学习情境。 2. 设计与本课新授相关的复习内容，利用问答、猜谜等多种形式唤起学生对已有知识的回忆
Presentation 任务呈现 整体感知	整体感知并理解课文情境，明确学习与运用任务目标	1. 明确学习任务，初步感受学习内容。 2. 尝试带着问题理解课文大意，并在任务驱动下主动开展学习活动	1. 合理设计导语，呈现任务目标。 2. 通过听录音、出示课件或表演等形式提出主线问题，引领学生感受语言具体情境与语篇表达的话题功能
Practice 互动交流 学习新知	为任务完成做知识与能力上的准备	1. 互动交流，尝试回答教师提出的问题。 2. 感受并尝试运用目标语言与词汇理解课文语境。 3. 积极参与语言实践活动。形成听说读写语言技能	1. 设计有效的语言活动，组织学生进行互动交流，在使用过程中帮助学生学习、掌握主要目标语句与词汇。 2. 设计“机械与意义”上的不同语言实践活动，帮助学生在新知、技能和运用任务之间建立联系，为运用语言技能形成语用能力作准备

续表

教学环节	任务目标	学生行为	教师行为
Production 巩固训练 运用新知	通过完成任务，将前一环节学到的知识和形成的技能转化为真实生活中的语用能力	1. 大胆、自信地运用所学的语言进行有意义的交际活动，形成综合语用能力。 2. 在教师的引导下主动运用所学语言点，并在听说读写四个层面得到提高。 3. 顺利通过检测内容	1. 创设真实或仿真的情境使学生运用课时学习到的语言点。 2. 设计层层深入的比赛和练习活动，依据听说领先、读写跟上的原则让学生在听说读写各个层面得到锻炼，提高学生的综合语言运用能力。 3. 关注课堂检测，让学生一课一得
Cooler 提炼总结 布置作业	反馈任务完成情况，自主归纳所学，形成结构	1. 自主小结所学重点，把握难点内容。 2. 认真完成课内与课外作业	1. 帮助学生理顺知识点，点拨重点与难点。 2. 布置有效的分层次作业

（二）巩固课教学模式

1. 模式概念

巩固课的任务是巩固上一节课所学过的语言项目，进一步通过课堂活动操练旧的语言知识，以达到熟练语言项目和初步运用语言的能力。强调学生的能力培养和发展，教师从指挥者转变为观摩者、评价者的角色，学生是练习和活动的主动者。其主要特征是以练为主，教师引导和启发学生，让学生充分运用所学新语言知识（单词与句型）进行有意义的交际。

巩固课教学模式可以简单表述为：组织教学→巩固操练→拓展提高→课堂小结→布置作业。

2. 教学步骤

教学步骤如图 5–1 所示。

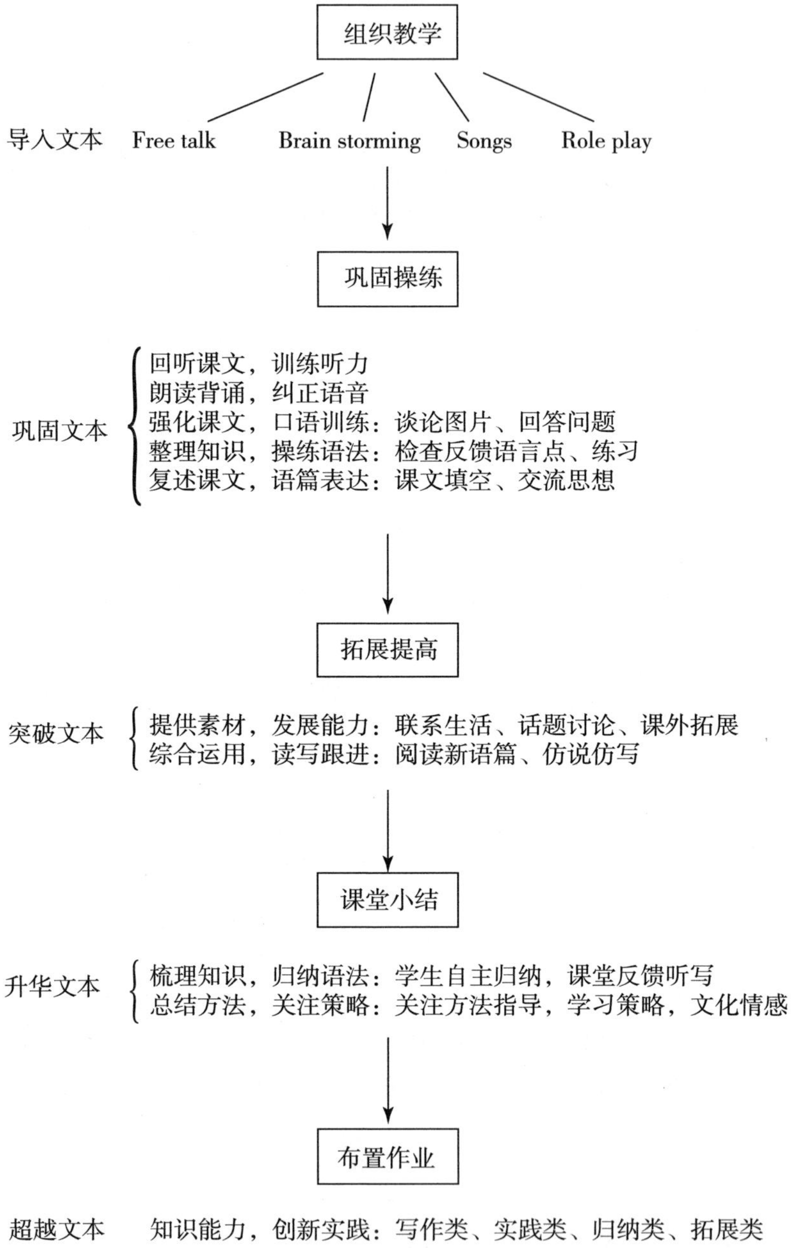

图 5–1　巩固课教学模式教学步骤

表 5–2 是一份巩固课教学模式的教学案例。

表 5-2　小学中年级英语巩固课教学行为设计

教学环节	任务目标	学生行为	教师行为
Warm-up 热身复习	通过多种有意义的教学活动对所学旧知实现正迁移。通过营造轻松愉悦的学习氛围，让学生尽快进入学习状态，为话题的整体呈现打下基础	1. 积极参与热身活动。 2. 集中注意力，利用已有知识经验自主参与复习活动	1. 组织热身活动，创设和谐轻松的英语学习氛围，激发学生学习动机。 2. 呈现与本课教学相关的语言内容，鼓励学生主动回顾旧知。注意对新授课的疏漏进行补充
Presentation 话题呈现	巧妙导入话题，多维互动，学用结合式创新教材语言背景处理，熟练语言技能	1. 积极入境，明确学习与运用任务。 2. 感知新语言，进一步理解文本情境。 3. 主动完成相关练习，内化目标语言，熟练语言技能	1. 创设有效的教学情境，呈现本课话题。 2. 引导学生理解文本情境，点拨新知识点。 3. 指导学生练习，促进学生内化目标语言
Summary 归纳小结	学生能够在练习、自悟的基础上梳理归纳知识结构，总结规律。教师采取适当点拨学习策略	仔细观察语言现象，发现并提炼语言规律。同时形成个性化的学习策略	复呈材料，帮助学生提炼语言结构，引导学生发现语言规律。同时渗透切合学生实际水平的有效学习策略
Practice 巩固训练	以问题为中心，以情境作支持，学生能够在有效教学情境中运用目标语言主动交际，发展语言运用能力	1. 积极参与组内分工，主动承担需要合作完成的任务。 2. 在做事情过程中大胆使用所学语言，进一步熟练听说读写语言技能。 3. 主动质疑，请求他人帮助	1. 创设有意义的教学情境，帮扶学生在小组中合作完成语言训练任务。 2. 鼓励学生大胆利用已有知识储备开展目标语言的运用活动。 3. 关注不同层次学生的学习需求，耐心解答学生疑难问题
Prodution 综合运用	合作互动，在完成话题式任务及读写练习的过程中，伴随新的语言生成，达成语言技能目标要求，同时提高综合语言运用能力	1. 在语言实践性活动中主动交际，踊跃实施话题任务。 2. 在做练习中物化语言，提升读写能力。 3. 创新完成作业。 4. 客观评价自己与他人	1. 结合话题创设多种教学情境，监督学生综合运用所学知识和所获技能完成任务，对自然生成的新知教师给予辅导。 2. 设计强化重点、突破难点、符合学生发展水平的书面练习。 3. 科学布置合乎学情的作业。 4. 对学生表现作积极客观的评价

二、教学策略

小学英语趣动展教学模式的教学原则是“以趣促学，以动激思，活化教材，类比运用，整体发展”。依据上述教学原则和基本教学框架，制定了以下教学策略。

（一）活动课堂

课堂教学突出“四个点”：每节课至少应有一个兴奋点，一个发散点，一个应用点，要有多个互动点；教学手段适应儿童的心理特点，做到灵活多样；要为学生创造活动表现的机会、感受成功的机会。

（二）开拓学生的学习兴趣

首先，教师要结合教学内容，运用多种教学手段，做到寓教于乐。让学生以快乐的心境主动学习，主动探究，积极质疑问难，为最终运用语言作好铺垫。

（三）活化教材

教学活动是师生间的双边活动。教师创设多种情境，让学生在课堂上充分地动起来，把静态的词、句、文的学习变成学生的活动，在活动中获得积极的情感体验。

（四）实现整体发展

每个学生的需要及其发展不同，教师要提供给他们可以发展的时间和空间，因材施教，创造性地使用教材。学生通过参与活动，形成语言运用能力。通过创设多维的英语学习空间，使学生的英语学习从课内走向校园，从校园走向社会、家庭，以达到提高学生语言实践能力的目的；通过指导学生自编、自创、自演，使学生个性发展、潜能提升；通过组织口语交际活动，不断发展学生运用语言的能力。使学生在运用中感悟语言规律，在运用中实现发展，在发展中达到巩固，以巩固而求得更大发展，增大知识的迁移量，提高综合能力。实现知识的拓展、学习空间的拓展、学习方式的拓展、能力的拓展。

知识的拓展：通过英语学习，使学生循序渐进地获取英语知识；教师通过创造性地使用教材，结合“身边的英语”“专题英语”“奥运英语”等，扩大学生的英语学习范围。学习空间的拓展：创设多维的英语空间，组织丰富多彩的英语活动，使学生的英语学习从课内走向校园，从校园走向社会、家庭；扩大用英语进行交流，获取知识、信息的空间。学习方式的拓展由单一地接受式学习向主动发展式学习转变，由单一的学生角色，变为多重角色。如“教父母、弟妹学英语”（教师角色），自编童话剧、课本剧（导演兼演员），英语角的设计者、组织者等。学习方式的拓展为学生综合能力的发展奠定了基础。能力的拓展：英语教学不只是学科教学，同样肩负着培养学生综合能力的重任。通过知识空间、学习空间、学习方式的拓展，学生英语知识、基本技能、交际能力、实践能力、创新能力得到了培养、挖掘和发展。

（五）确保学生活动时间

教师新授课的“讲”不超过一节课30%的时间，复习课不超过10分钟，让学生有充分的时间运用所学知识做事情。

学生一节课参与活动问卷调查结果统计，如表5-3所示。

表5-3　学生一节课参与活动问卷调查结果统计

活动的形式	表演对话	回答问题	同桌活动	小组活动	齐声朗读	说唱歌曲	自编自演	游戏
实验班	39%	47%	3次	2次	3遍	1次	80%	100%
非实验班	41%	56%	2次	1次	5遍	0次	26%	21%

注：百分数为学生参与率。

第二节　英语直呼式语音教学模式

英语直呼式语音教学模式，也称直呼式韵律英语教学法，它是英语语音学习的重要部分，揭示了英语拼音字母在单词中的读音规律，解决了大量单词可以直接读出的问题，适用于低幼年级的学生。学生用很短的时间就可以学会初步的拼读，从而降低学习英语单词的难度，增强自信心。

一、理论依据

语言学习有据可循，从易到难，从简到繁。英语中有许多辅音与汉语拼音中的声母很相似，如汉语g，k，h与英语中的[g][k][h]。强化字母在单词中的读音，淡化字母名称音，在拼读单词时，直呼字母在单词中的读音，如 bag（书包），直呼 [b][æ][g]——[b æ g]。该模式适用于英语语言教学的入门阶段，只学 20 个辅音字母（Qq 除外）、4 个字母组合（ck，ch，sh，th）的读音和 5 个元音字母的短音。英语辅音字母在单词中的读音大都与汉语拼音声母的读音近似，通过与汉语拼音对比，很快就可以学会。

二、教学步骤

（一）学习辅音字母及字母组合的读音

如图所示，将汉语拼音的声母与英语辅音字母和 2 个辅音字母组合在单词中的读音联系起来，引导学生将刚刚学过的汉语拼音知识迁移到英语学习中来。例如，第一图中，汉语“爸爸”，先读汉语拼音 baba，再读声母 b。然后，读英语辅音字母 b 在单词中的读音，读三遍即国际音标 [b][b][b] 的音。其他图的使用方法同此图。

（1）爸爸，汉语 b，英语 b，b，b

（2）婆婆，汉语 p，英语 p，p，p

（3）桃树，汉语 t，英语 t，t，t

（4）大海，汉语 d，英语 d，d，d

（5）妈妈，汉语 m，英语 m，m，m

（6）大佛，汉语 f，英语 f，f，f

（7）泥人，汉语 n，英语 n，n，n

（8）快乐，汉语 l，英语 l，l，l

（9）哥哥，汉语 g，英语 g，g，g

（10）雕刻，汉语 k，英语 k，k，k

（11）大河，汉语 h，英语 h，h，h

（12）日头，汉语 r，英语 r，r，r

（13）蚕丝，汉语 s，英语 s，s，s

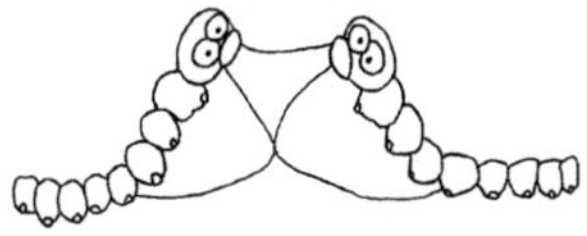

（14）蜘蛛，汉语 zh，英语 j，j，j

（15）山羊，汉语 y，英语 y，y，y

（16）房屋，汉语 w，英语，w，w，w

（17）帽子，汉语 z，英语 z，z，z

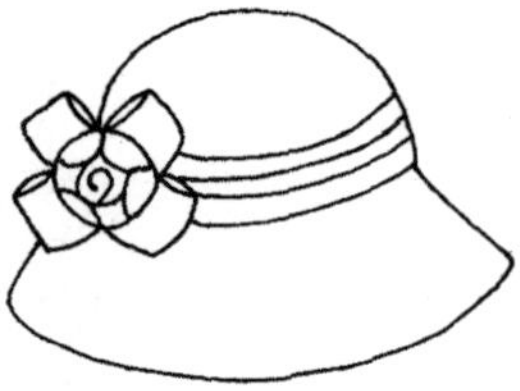

（18）吃，汉语 ch，英语 ch，ch，ch

（19）老师，汉语 sh，英语 sh，sh，sh

（20）X 光透视，英语 x 读作 [eks]

（21）字母 v，普通话无此音，上齿抵下唇发 f 的音，声带震动即为 v。

（22）字母 c，发音与字母 k 相同，可在学 k 时一起学，即字母 c 读作 k，k，k。

（23）字母组合 ck，发音与字母 k 相同，可在学 k 时一起学，即字母组合 ck 读作 k，k，k。

（24）字母组合 th，普通话无此音，舌尖平放两齿间，不断发 s，即为 th 的读音，如 thank；舌尖平放两齿间，不断发 z，即为 th 的读音，如 this，that。

（二）学习元音字母在闭音节中的读音

先讲清 5 个元音字母 a, e, i, o, u 读 [æ][e][i][ɔ][u] 的发音要领，再将它们与汉语拼音字母 a, e, i, o, u 作对比，讲清它们的区别，避免学生用汉语拼音的拼读方法来读英语单词，如把 pencil 读成“盆搜”。

学习拼读以上辅音音素和 5 个元音音素，不必在一堂课上全部学习，初学时可只学其中一部分。如首先只学 17 个最容易的辅音音素和元音字母 a 的读音 [æ]，然后便可开始拼读。在单词的拼读过程中不要在黑板上出现音标符号。学会拼读后，教师便可出示一些单词卡片，让学生拼读，如 bad，fat，man，lamp 等。这样，学生便轻松地进入认字阶段。

（三）连词成句

在学生学会拼读一些孤立的单词后，应尽快将单词放在句子中来读，做到词不离句。例如，在学了元音字母 e 和 i 的读音 [e] 和 [i]，并学习了 it，is，pig，yes 等单词后，便可让学生认读下面的句子：“Is it a pig？”“Yes，it is.” 这样，学生便把学到的语音用到交际中去，通过交际，又进一步巩固了学到的语音。

A a

man	m-a-n	man
map	m-a-p	map
has	h-a-s	has
man,	man,	man
map,	map,	map
has,	has,	has

A man has a map.

E e

bed	b-e-d	bed
desk	d-e-s-k	desk
bed,	bed,	bed
desk,	desk,	desk

Jack has a bed and a desk.

I i

dig	d-i-g	dig
pit	p-i-t	pit
can	c-a-n	can
can,	can,	can
dig,	dig,	dig
pit,	pit,	pit

A pig can dig a pit.

O o

fox	f-o-x	fox
dog	d-o-g	dog
fox,	fox,	fox
dog,	dog,	dog

It is a fox.

It is not a dog.

U u

bus	b-u-s	bus
Buzz	B-u-z-z	Buzz
bus,	bus,	bus
Buzz,	Buzz,	Buzz

Buzz is in a bus.

（四）语音练习

为了体现语言的交际功能，可让学生边读边演下面三个韵文：

Jack and his pup

Jack and his pup at a well.

His pup fell in it.

Dad can get Jack's pup.

Jack can hug his wet pup.

A cat and a rat

It is Tam Cat. It is Sam Rat.

Tam Cat is on a mat. It has a fish.

Sam Rat call hit Tam Cat.

Tam Cat can full at Sam Rat.

Tam and Sam run and run.

Tam can catch Sam.

Tam is glad. And Sam is sad.

A duck

I am a duck.

I can sit on a rock.

I can pick up a sock.

I can get in a bag.

第三节　英语简笔画情境教学模式

英语简笔画情境教学模式是一种经济、实用、形象直观的外语教学手段，其中“几何图形简笔画”是简便易操作的工具，这种用简笔画提供情境进行英语教学的教学模式为英语整体教学搭建了牢固可靠的脚手架。

一、模式特点

外语教学的过程是信息传输的过程，输入的信息形象越鲜明，对大脑的刺激越强烈，记忆效果越好。简笔画情境教学加大信息通道的容量并为抽象的语言材料提供了具体表象，提高了教学效率，不仅激发学生学习的兴趣，而且能促进形象思维、逻辑思维和创新思维的发展。学习的实质是个体参与实践并与情境互动的过程，学习不可能脱离具体的情境发生。简笔画为学习创造了生动活泼的情境，有助于语言学习。

将传统的较为复杂难画的简笔画，简化为“几何图形”简笔画。用20种线条和几何图形，就可组成许许多多不同的简笔画，为所有教师提供了学画的可行性。这种简笔画是为教学服务的，只求写意，不求写实。

用简笔画为教学内容提供情境，然后围绕情境开展教学活动，就会使操练变得生动有趣。简笔画可以使枯燥的知识变成活泼的形象，进而激发学生的学习热情，甚至产生创新的灵感。

二、教学模式

简笔画情境教学模式概括为“一情一境，三五句话，给关键词，看图复述”。教和学是在简笔画营造的情境中由点（关键词）到线（一句话）到面（一个段落）到体（一篇文章）循序渐进地进行的。简笔画图形简单、形象鲜明、幽默风趣，寥寥数笔就能传递出丰富的语言内涵，清晰地勾勒出语言情境等特点。

三、简笔画的学习与运用

（一）简笔画的学习

图5–2中这些东西的共同特点是以圆为基础，但它们又各有自己的特征，钟有指针，风扇有叶子，西瓜和球有不同的条纹，镜子和地球仪有架子，车轮和向日葵纹路也各有特点，抓住它们各自的特征，就可以把它们区别开来。

图5–2　圆形物体的简笔画

一些水果和食品外形大体上也是圆，如苹果、橘子、梨、桃、西红柿、土豆等。但梨略尖，西红柿略扁，橘子有麻点，桃有沟，土豆有芽，同样可以区别开来，如图 5–3 所示。

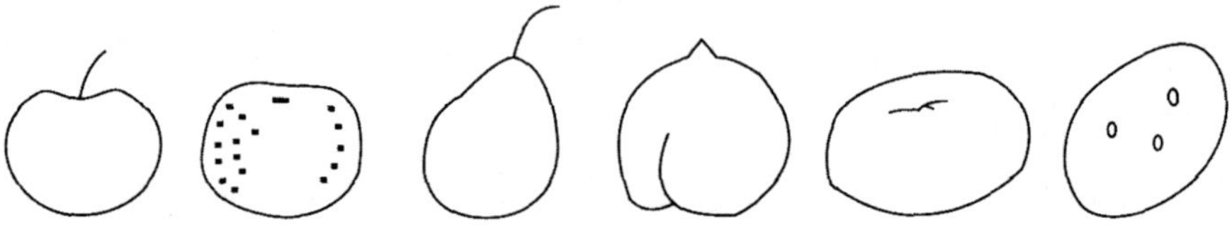

图 5–3 水果简笔画

（二）课堂运用

运用简笔画教英语，不仅形象直观，生动活泼，能激发学生的学习兴趣，而且能做到视、听、说相结合，有助于学生直接理解所学语言，提高运用语言的能力。它可以用在复习、导入、操练、练习和巩固等各个教学环节。

1. 教单词

教单词可以用实物和图片进行直观教学，如果掌握了简笔画，就可以把广阔世界的万千景象搬进课堂，如图 5–4 所示。

图 5–4 简笔画教单词

2. 教形容词和副词的比较级和最高级

用简笔画教比较级和最高级，形象生动，便于理解，如图 5-5 所示。

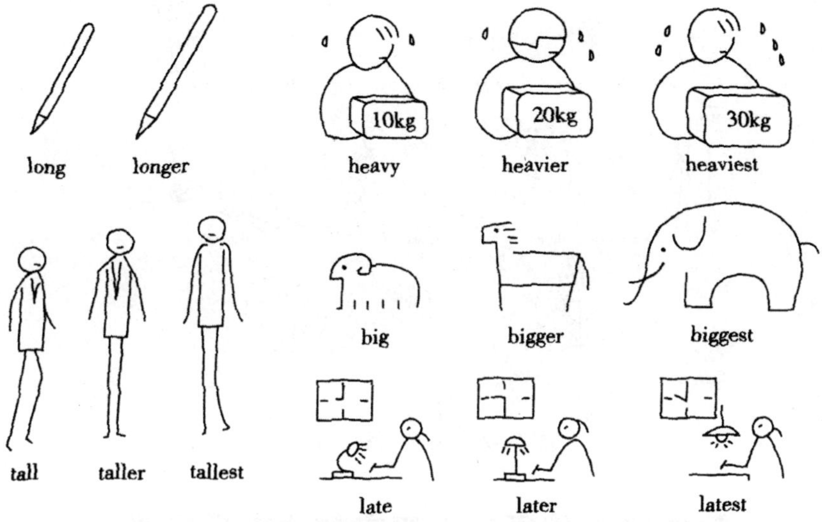

图 5-5　简笔画教比较级和最高级

3. 教人称代词

用简笔画教人称代词，可以使概念更明确，意思更清楚，如图 5-6 所示。

图 5-6　简笔画教人称代词

4. 教介词

用简笔画教介词，可以使抽象的概念变得生动具体，如图 5-7 所示。

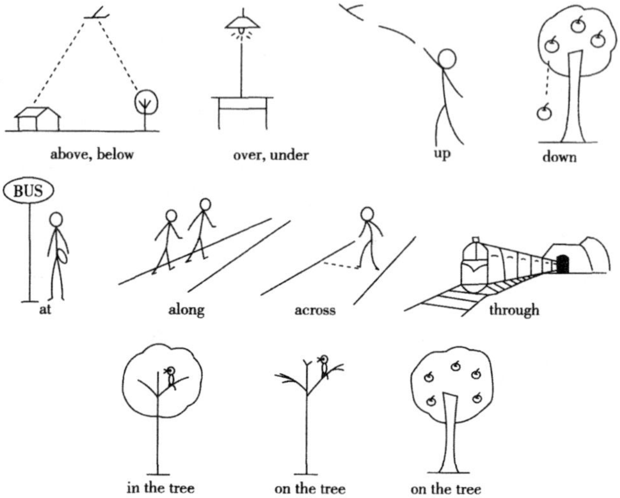

图 5–7　简笔画教介词

第四节　英语二十四字整体教学模式

英语二十四字整体教学模式即“超前集中，整体掌握，强化训练，习题精做，学一带四，课外阅读”，该模式大容量、高密度、快节奏、高效率，方法实在，可操作性强。该模式的操作程序乍看起来有点机械，但对于纠正当前存在的“一味求动、求热闹、求表面形式”的误区，颇有借鉴价值。

一、教学模式概念

英语教学应从整体着手，逐步转向局部，如让学生看图画说故事、复述故事、表演等。

认知心理学认为，语言学习是人对语言的认知理解过程，语言学习是语言知识的习得和语言技能形成的智力过程，是运用语言进行思维和推理的过程。行为主义心理学认为，语言学习是一种人类行为，是习惯的养成。语言技能是通过各种媒体和人际间的协作活动而实现的。

超前集中：每学期上新课之前，先解决单词、主要语法框架等问题，为自学做铺垫。每学期刚开始时，用 1 ~ 2 周的时间，集中处理完本学期的词汇，并将本学期要涉及的语法作简要介绍，让学生有个初步了解。

整体掌握：在超前集中的基础上，通过课文浓缩复述将知识整体把握，学生积累了丰富的语言材料，培养了学习英语的自信心。处理完词汇和语法之后，便开始进入课文教学，每个单元的重心是阅读课。学生带着问题听录音，读课文，回答问题。教师解难释疑，用简笔画或幻灯片，再配以适当的提示词（key words），引导学生看图说话。先由教师带着说，然后学生自己说，先一段一段地说，再连成语篇说。通过复述，让学生对课文进行整体理解掌握。

强化训练：课文整体掌握之后，就要集中处理本单元的重点和难点。语言点的操练可以通过强化训练进行。对每一个要点，通过举一反三，反复训练，学生就能迅速掌握，并能熟练地运用。

习题精做：巩固了学习效果，把知识转化为能力，使学生获得成功的体验，从而激发了更高的学习热情。通过强化训练，课本中的重难点已经基本上得到解决，课文后的练习就没有必要再逐题去做了。因此，可以把课后练习中重复部分大胆删去，有选择性地做一些，这样就可以把节省的时间用于扩大阅读。

学一带四：每学一个单元的课文，要求学生阅读 4 篇文章。初一刚开始时可以只读 3 篇，逐渐增加到 4 篇。这样可以较快地提高学生的阅读能力。

课外阅读：极大地丰富了学生的语言积累，把语言学习过程转化为应用过程，使学生充满成功的喜悦。阅读仅仅在课堂上进行还远远不够，还必须加大课外阅读。如果每个学生每天用 10 分钟读一篇文章，每周读 5 篇，每学期可达 90 余篇，三年 500 多篇，15 万多字，再加上学一带四和课本上的阅读量，远远超过《英语课程标准》的要求。

二、教学步骤

（一）超前集中

超前集中，就是在学期之初，先将全学期（或半学期或视学情而定，可长可短）要学的单词和语法简要讲授，使学生建立起词汇与语法知识的基本框架。

1. 超前集中学习词汇

采取按读音规律集中学习的方法，提前学习一个学期（或长或短，可视具体情况而定）的词汇。时间安排：开学初的第一周或利用寒暑假。假如利用寒暑假，则在放假前两天集中领读下学期要学的单词，假期中学生可自学。集中识词时每个词只要求会读，记住词义，拼写和应用放在学新课和强化训练时重点解决。

2. 超前集中学习语法

在集中识词后，利用一节课的时间将本学期(或长或短，可视具体情况而定)要学的语法粗线条地介绍一下，让学生有一个大概的轮廓。学新课接触到具体的语法条目需要集中时，就将这项语法进行专题系统归纳。

（二）整体掌握

整体掌握是指在学习对话课和课文时，破除分割式串讲法，采用简笔画（挂图表格、提纲或多媒体等）+ 关键词语的提示法将抽象繁杂的内容变为一目了然的连环画。经过教师的点拨、引导，全体学生一般能在一节课内整体把握该课文的内容（若课文课是两篇文章且是一个内容的，也要在一节课内完成）。

1. 整体掌握会话课

课前 2 分钟的自由会话，谈论与教材内容有关或与学生相关的问题。然后按“听录音→问答→阅读→解疑→引导复述→模拟表演”几个步骤进行。

2. 整体掌握课文课

课前 2 ~ 3 分钟的自由会话，谈论与本单元教材内容有关或与学生生活贴近的问题，然后进行课文教学。

3. 课例

JEFC Book 2B Unit 3，lesson 10 Autumn Festivals

（1）自由会话

T：Good morning，everyone！

Ss：Good morning，Mr. Mou.

T：Sit down，please. First let's begin our free talk. Which pair would like to try first？

S1 & S2：We'd like to have a try.

S1：Lin Tao! We are going to have a field trip tomorrow afternoon. Do you know where we are going？

S2：Yes，we are going to see the ear factory in my hometown.

S1：Where are we going to meet？

S2：We are going to meet at our school gate at l:30pm.

S1：How are we going to the factory？

S2：We are going there by bus.

S1：Great！ See you then ！

S2：See you ！

T：Good！ Another pair？

S3：…

S4：...

T：Well done ！

（2）引出新课

T：Do you like eating mooncakes？

Ss：Yes，very much.

T：Tomorrow is Zhong qiu jie. Han Mei would like Lucy and Lily to come over to her home. Please listen to the reading passage and find out the answers to the following three questions：

a.What's the English for Zhong qiu jie？

b.What do mooncakes have inside？

e.What time will their supper start？

Now listen carefully ！

（3）听录音

The students listen to the tape.

（4）问答

T：Who can answer the first question？ What's the English for Zhong qiu jie？

S1：Mid. autumn Festival.

T：Good！ Next，what do mooncakes have inside？

S2：Meat，eggs，nuts or something sweet.

T：The last one. What time will their supper start？

S3：At 6:00 pm.

T：Excellent！

（5）阅读

T：Open your books at page 11. Read Part 1 loudly. If you have any problems, you may ask your partner or me.

（The students read the passage.）

（6）解疑

T：Do you have any questions？

S1：I don't understand the word "what" of the sentence "That's what they are selling at the store".

T："what" 指所卖的东西。全句译为"那就是商店正在卖的东西"。For example，"That is what I want." 那就是我想要的东西。Now，put the following sentence into English：这不是我正在寻找的东西。

S2：This is not what I am looking for.

T：Very good！Any more problems？

（7）引导复述

T：Now let's retell the story. I'm going to do the retelling first，Listen carefully，please！

T：Please retell it after me. You're in a low voice. I'm in a high voice.

（复述内容略）

（The students follow the teacher.）

T：Good！Try again. This time you're in a high voice. I'm in a low voice.

（The students retell again.）

T：Wonderful！Retell it all by yourselves.Group 1 and 2 will be Han Mei. Group 3 and 4 will be Lucy. Begin！

（The students retell the story the third time.）

T：Exchange.

（The students retell the story the fourth time.）

（8）引导表演

T：Good！Now practice in pairs. Then I'll ask some pairs to act it out.

（The students practice in pairs.）

T：Which pair would like to try first？

S1：...

S2：...

T：Excellent！Another pair？

S3：...

S4：...

（9）教师引导浓缩课文

T：Well done！Boys and girls。what kind of mooncakes do you like？

S1：I like mooncakes with eggs inside.

S2：I like the sweet ones.

（10）布置作业

T：Now，homework for today，please retell the story and write down the retelling in your exercise book. So much for today. Bye！

Ss：Bye！

（三）强化训练

"强化训练"是归纳课文中出现的新词语和语法要点的环节，它着重将所学要点进行实际应用的口头训练。"整体掌握"要求学生脑海里建立起整体的印象，而"强化训练"则是一个要求学生将整体印象转化为细节知识的过程。这也是一个将所学知识用到实际生活中去的过程，是由整体感知到实际认知的过程，从机械记忆的学习逐渐转化为理解记忆为主的学习过程。通过"强化训练"，学生的知识更加牢固，这也是集中学习和分散巩固的统一。

1. 操作步骤

（1）提问学生复述课文。

（2）用投影等手段整体呈现本单元所要强化训练的新学要点词语或语法项目。

（3）采取逐条简介、归纳的方法，针对这些词语或语法现象作强化训练。

（4）将本单元强化训练的词语包容在一篇小短文里，再将其挖空，让学生作短文填空训练，以检测和训练学生对新学词语和语法的运用能力，并熟记该短文。

2. 课例

JEFC Book 2A Unit 18，Lesson 70 Dream

（1）自由会话（略）

（2）引出新课

呈现强化训练的词汇语法项目

T：Today we're going to go through the following language points：as soon as，stop…from，instead of，take / have the medicine，feel like.

Now，Look at "as soon as".

as soon as （一……就……）引导的句子用一般现在时表示将来时。

（3）让学生找出课文原句

Last night，as soon as I fell asleep I dreamt that l went to the garden.

（4）做翻译练习

T：Now I'll ask someone to translate two sentences from Chinese into English.

①那个女孩一看见她妈妈便哭了起来。

Ss：That girl began to cry as soon as she saw her mother.

②明天我一到家就给你打电话。

Ss：1 will ring you up as soon as I get home tomorrow.

（5）多向交流（略）

（6）阶梯式单向训练

T：Now let's choose the right answer.

① The man fell asleep as _____ as he lay down.

A.quickly　　B.long　　C.soon　　D.often

② Call the police as soon as you _____ the man.

A.will see　　B.see　　C.saw　　D.sees

Ss：① C　② B

T：Right. Number 2 "stop sb from doing sth"，阻止某人做某事。

课文原句：We had to work for hours to stop the ship from going down.

T：Now translate the following sentences.

①王红昨天晚上想外出，她爸爸没让她去。

Ss：Wang Hong's father stopped her from going out last night.

T：Good！Next sentence please.

②老师阻止了张磊和李阳吵架。

Ss：The teacher stopped Zhang Lei and Li Yang from quarrelling.

T：Now try to choose the fight answer.

① Can this drink stop people from _____ fat？

A.being　　B.to be　　C.are　　D.become

② The old man often _____ the children _____ playing football in the street.

A.stop...from　　B.stops...from　　C.stop...on　　D.stopped...in

Ss：① A　② B

T：Right，now Number 3 "instead of"，代替，of 是一个介词，后面需跟名词、代词或动名词。

课文原句：Not before or after meals instead of them.

T：Translate the following sentences.

①昨天午饭我们吃的是水饺，而没吃米饭。

Ss：Yesterday we had dumplings instead of rice for lunch.

②请明天早晨六点钟叫醒我而不要七点钟叫醒我。

Ss：Please wake me up at six o'clock instead of seven o'clock tomorrow morning.

T：Right！Now choose the right answer.

① We'll have English ______ Chinese this afternoon because our Chinese teacher will have a meeting.

A.instead　　B.instead of　　C.out　　D.don't

② He is going to listen to the music instead of _____ TV tonight.

A.watch　　B.watches　　C.to watch　　D.watching

Ss：① B ② D

T：Right，Number 4 "take / have the medicine"，服药。

课文原句：Take this medicine three times a day.

T：Translate the following sentences.

①请在饭后吃药。

Ss：Please take the medicine after meals.

②他吃了药就去上学了。

Ss：He went to school as soon as he took the medicine.

T： Now choose the right answer.

① Please _____ the medicine when you feel cold.

A.eat B.drink C.take D.to take

② She _____ the medicine and stayed in bed until the next morning.

A.takes B.had C.ate D.drank

Ss：① C ② B

T：Right. Number 5 "feel like" 想要，后面跟动词 ing 形式。

课文原句：She didn't feel like eating anything.

T：Translate the following sentences.

①我想散散步。

Ss：I feel like having a walk.

②你想喝点什么吗？

Ss：Do you feel like drinking something？

T：Now choose the right answer.

① She feels like _____ a swim.

A.having B.to have C.have D.has

② I don't feel _____ anything.

A.like to drink B.like drinking C.likes drink D.liking drink

Ss：① A ② B

T：Now I'll give you seven minutes to complete the following sentences，write down your answers in your exercise books.

① It began to rain heavily _____（她一出学校）.

② The students stopped talking _____（老师一进教室）.

③ Tom'father often _____（阻止他看电视）.

④ The trees can stop the sand from _____（向南移动）.

⑤ They aregoing to work on the farm instead of _____（购物）this afternoon.

⑥ She took the medicine _____（代替晚饭）.

⑦ Do you feel much better _____（你服了这药之后）.

⑧ Is she _____（在吃药吗）?

⑨ Do you feel like _____（划船吗）?

⑩ I feel like _____（吃个苹果）.

学生给出答案（略）

T：We'll done.

（7）短文填空

T：Here's a passage. Fill in the blanks with the right words.

Wang Hong fell ill as soon ______ she got home from her uncle's ______. She stayed at home ______ of going to school last Monday. She was brought to see a doctor. She told the doctor she didn't feel ______ eating anything. The doctor gave her some _____ . " this threetimes a day and you'll be well soon，"said the doctor.

The next day，Wang Hong wanted to go to school，but her father stopped her _____ going out. Two days later，she was well again.

T：Now，today's homework.

Write a letter to your pen friend. Class is over. Good-bye !

Ss：Good-bye !

（四）习题精做

习题精做指的是习题的精选、精练、精讲、精评。教师要针对学情和教材的重点精选出必做题。还要针对学生的缺漏，采取以汉译英口头训练为主的巩固和补偿性训练。在练习中应以培养学生的实际运用语言的能力为主，教师一定要少讲、精讲。步骤如下：

课前 2 ~ 3 分钟的自由会话，口头作文或热身活动。

（1）针对教材的重点难点和学情，精选精练必做的课后练习和基础训练题。

（2）针对训练中发现的学生的薄弱环节和平时所掌握的学生的缺漏，用汉译英或单项选择等让学生以口头为主作巩固性和补偿性训练。

（3）做给出题目的书面表达或看图作文题，课下或当堂完成。选出中等水平的一篇书面表达写在投影片上，让全班改错。教师要出示范文，让学生熟记。

（五）学一带四

这是与教材同步的限时阅读训练课，即在一节课内让学生自己完成 4 篇同步短文阅读训练。“学一带四”不是一成不变的，开始时可以“学一带二”“带三”，程度提高后也可“带五”“带六”，要依本班的学情而定。训练时，教师要大胆放手让学生自己读，自己做题，自己查阅资料，教师不串讲。

不回视，遇到疑难，同学之间或师生之间可展开讨论。

步骤如下：

（1）用 4 选 1 的测试题或是非题检测学生对短文的理解度。

（2）布置本节阅读任务，指导阅读技巧，划定阅读时间。

（3）让学生做阅读训练，针对学情恰当指导解疑，矫正答案。

（4）小结阅读训练情况。

（5）布置作业：复习下一单元的生词，预习一遍对话或课文。

（六）课外阅读

课文的精读，课上“学一带四”的限时阅读和超前集中识词，为学生的课外阅读打下了良好的基础。只有大量阅读，才能使学过的词汇、句型和语法得以重现，才能使学生通过自身的感悟，掌握知识，熟练技能。主要做法如下：

（1）针对学生的不同学习阶段，教师可由浅入深地推荐一些英美简易读物，每天让学生坚持 15 分钟左右阅读。

（2）引导学生建立课外阅读读书笔记，并学会用英文写出心得体会。

第六章

游戏、课堂与教学

学生天性好玩而农村的学生更是玩得“肆无忌惮”，课堂的气氛直接决定了学生的学习效果，因此教学方法很重要。倘若把课堂变成一个“游乐园”，把教学目的和游戏目的相结合是一个非常不错的方法。很多老师特别是年轻教师总是觉得自己的课堂枯燥无味，找不到课堂里应有的轻松和快乐。久而久之就发现学生不再喜欢这门学科，而是应付式地学习，出现学习积极性不高、学习效率低等厌学现象。究其原因有很多，主要是学生年纪尚小，心智不成熟，学习动机大多以外部诱因动机为主。巧妙、合理而充分地利用外部诱因引导学生的学习动机，进而培养、激发学生自身内部的学习动机，则可以起到很好的教学效果。通过向有经验的教师学习，加上自己的实际经验总结笔者发明了一系列的农村英语教育方法。而这套教学方法正好是针对这一现象下的“药”，形象一点说就好比是“儿童药”，好吃能治病。虽不能说一定会“药到病除”，但起码可以让学生喜欢这一科目并主动学习需要掌握的知识，同时还可以培养各种技能从而达到提高各方面能力的目的。充分了解学生的喜好，再结合一定的管理手段和技巧，那么教育就变成了一件轻松愉快的事情。

第一节　认真聆听——走进学生内心

作为一个学生，自然有自己反感的或喜好的事物。一个好的英语教师，一定会倾注爱心，深入了解学生的真实想法，有针对性地开展教学活动，从而取得良好的教学效果。

一、学生反感的事物

课堂教学改革就是要求去除教师在学生心目中不好的东西，将学生喜欢的、感兴趣的东西还给他们，从而爱上学习。这样不仅成绩可以进一步提高，还可以让学生对所学的东西感兴趣从而培养学生的自主学习能力，以达到打造高效课堂的目的。

（一）非必要体罚学生

体罚学生是一种不值得提倡的惩戒方法，更何况是随意体罚，低年级的学生对于老师的体罚行为虽然不敢直接表示不满但心里其实是清楚的。高年级学生，随着自我保护意识和荣辱观念的增强，尤其看重在公共场合的体罚方式，特殊情况如屡教不改的学生，教师只需适度而得体地给予惩戒即可，如可以叫到没人的地方给予口头警告或是移交班主任或学校分管政教的领导处理。

教师应当清楚，简单粗暴地解决问题除了会带来麻烦，就只有怨恨；说教既起到了教育作用，同时也可以避免学生自尊心受到挫折。

（二）老师过于严肃或缺乏风趣

很多年长的老师无论上课下课，在孩子面前都喜欢板着脸，不喜欢笑，更不用说和学生打成一片。传统英语教育以应试教育为主，应试的目的在于选拔。为了应试，教师把大部分时间花在讲解语法和词汇上面，学生就把时间花在做模拟试卷上，以至于教出来的学生成绩优异的多，但学习的积极性不高，有的甚至反感英语。学生在学习过程中追求唯一标准的答案，过度依赖老师的讲解从而失去了创新、质疑和自我思考的能力。这种现象在很多学校普遍存在，会严重影响学习英语的兴趣和积极性。其实，师生之间的互动应达到一个可以形成互相交流的程度，从而起到教师及时了解学生动态，学生及时反映自己不足的效果。然而此过程中教师的角色显得尤为重要，因为师生之间的主动权一般都是老师掌握，如果老师能主动与学生亲近，会直接影响学生对老师的态度转变。如某老师课余时间经常和同学聊天，甚至如朋友一般互相了解，学生也会将自己的真实想法倾囊告知，这样有利于老师及时跟进和改进自己的教育教学方法。

教师在充分调动学生学习英语积极性的同时，运用传统常规练习的方法反复巩固，二者相结合可以达到意想不到的效果，解决传统英语教学的弊端，将学生的创新、质疑和自我思考的能力解放出来。

（三）不给学生留面子

学生随着年龄的不断增加面子观念也随之增强，有时候为了找回自己的面子会不惜做出过激的行为。事实上很多矛盾都是可以避免的，特别是教高年级的教师，在批评学生的时候应充分考虑一下怎么说才不会让学生尴尬，能不能起到好的教育作用，能不能私下进行批评。在批评学生的时候一定要注意用词，不要和学生乱开玩笑，以免引起不必要的麻烦。

（四）奖罚不公

因为嫉妒，有的同学会莫名其妙地排斥其他同学，这种情况大多是老师奖罚不公所引起。老师如果奖罚不公，学生私下的意见就会很大，甚至为此闹不和。老师的教育方式出现了很严重的不公平性，会误导学生形成不合理的阶级观念，不利于学生的身心健康发展。有一位老师在总结试卷的时候表扬了一名进步很大的同学，可是因为疏忽，另外一名有着很大进步的同学却没有被表扬，老师听说另外那个有进步的同学说再也不想学英文，因为老师太偏心了。这件事情给老师触动很深，立马主动向另外那名同学道歉，并且随即在下一节课上当着全班同学对他进行补充表扬。还有一位老师，平时对成绩好的学生特别好，即使他们犯了同样的错误也会区别对待。一次老师因为开会，不能在教室上课，于是吩咐纪律委员管纪律。要求其在老师回来之前把违纪同学的名字记录下来，到时自有惩罚。老师如期而至，纪律委员把违纪的名单交给了老师，其中包括一名学习委员，一名副班长，还有其他几个平时经常违纪的“老油条”。接下来的情况正如之前所说的区别对待，老油条们被要求罚抄课文 20 遍 （变相体罚），学习委员和副班长则被叫去谈话，不久便不了了之。面对这样的惩罚结果，学生心里肯定会有很大不服。凭什么成绩好就能区别对待？凭什么就不能一视同仁？……这一连串的质疑声会随着时间久而久之淡化，随后而来的是学生慢慢适应了自己所扮演的“角色”，成绩好的会自以为是地认为自己就应该被区别对待，成绩较弱的就会很自然地觉得自己应该低人一等。

老师奖罚学生，必须尽量做到无论学生成绩好坏都应该就事论事（少数课堂游戏除外）。只有尽量做到奖罚公平，这样的老师才更容易服众，更有利于学生的健康成长。对于应该受到表扬的同学无论成绩好坏必须一视同仁地表扬。对于应该受罚的同学无论成绩好坏也同样不能幸免。行为习惯不好很可能会影响学生一辈子，区别对待成绩好的学生就等于包庇放纵其问题行为，无异于害了他，同时也失了民心。

（五）作业太多

学生作业多这是一个不可避免的问题，教育部一再要求减负似乎没有起到任何实质性的作用，反而有些科目的作业有增无减，学生的负担相当繁重。通过教师本身的充分思考和反复试验之后，在可以达到相同的预期目标的情况下尽量地减少作业的布置。

其实英语是最应该布置最多作业的学科，因为英语对于学生而言是一门很陌生的学科，学习一门新语言本来就是要多写多读多记，更何况没有良好学习英语的环境让自主学习能力差的孩子回去记忆单词简直是一种奢望，所以唯一能督促学生课外识记英语基本知识的就是家庭作业抄写，城里的学生回家大都有父母陪同做作业，有父母进行督促。可是农村的孩子几乎就是完全自主的学习，其他科目的作业已经很多了，再布置很多英语作业，增加负担，就会有给学生“添堵”的感觉。

（六）老师不按时批改作业

教师最起码的常规工作——及时发现学生的学习情况就要及时进行改正，没有任何理由推卸责任。老师经常不能及时批改作业是比较严重的失职，学生按时完成作业是对老师的尊重，同样老师按时批改作业也是对学生劳动成果的尊重。当然如果仅仅是一些学科中的抄写或者听写等简单客观性作业，在老师忙不过来的情况下让组长代劳是完全可以理解的。首先成绩较好、工作负责的学生在改作业方面是完全可以胜任的，在细心方面有的学生甚至是有过之而无不及。其次可以借此强化成绩好的学生对于知识的掌握程度。无论怎样，考试试卷最好还是由老师自己批改，因为学生对考试成绩是非常看重的，无论多少分起码是自己的劳动成果，简单的一个分数就好比是一张承载着荣耀和汗水的奖状，否则学生也不再重视这一学科。

（七）老师有不良嗜好或习惯

“身教重于言教”，一个老师的坏习惯不再是其个人行为习惯，在校园里已经被当成了一种可模仿的对象。教师理应身体力行地做好自己，才能更具说服力地教育学生，且教育好学生。

（八）被误会

在评判一个学生，老师要谨慎，凡事得弄清楚之后再发表意见，学生会很在意你不经意间的话语。要想消除误会就得互相沟通，多了解。师生之间，误会在所难免，关键在于一定要把误会及时解开，学生的尊严也是需要得到老师的尊重，只要老师肯勇敢面对，一般情况下是不会将误会升级，凡事都可以小事化了，还能赢得学生的理解和尊重。

（九）经常拖堂

对于大部分老师来说，拖堂是在所难免的，偶尔因为特殊原因拖堂很容易被理解和接受。可是老师经常拖堂学生就不乐意了，学生嘴上不说但是心里肯定会有一肚子牢骚。正常情况下，学生能在 40 分钟内集中注意力听讲已经很难得。教师拖堂时，学生注意力相对比较容易分散。看见别的学生下课四处玩耍，心早就飞到了九霄云外，哪里还有心思继续安静地听课学习，严重影响了学生上课的效率，结果往往会得不偿失。因此，教师把握好课堂的时间很重要。

（十）言而无信

教师的一言一行都会给孩子带来影响。好的言行举止行为规范可以是孩子心中的榜样，同时也是一种魅力。老师言而无信是学生受不了的。他会把老师讲的每一件事情都当真，特别是他们感兴趣的事情记得尤为深刻。也许你不经意讲的一句话就会让孩子们期望整个学期，可如果你渐渐淡忘，虽然孩子们不敢说但是他们会在心里埋怨你的冒失，无形中会影响你在孩子们心目中的形象。久而久之不能兑现的事情多了，你也就失去了孩子们对你的信任，这样对以后的教学会有很大的影响，且成绩会有所下滑。

二、学生喜好的事物

学生喜好的事物非常多，下面主要研究学生喜好的新鲜有趣的事物、游戏、活动、攀比、较少的作业、被表扬或奖励、近乎完美的教师。

（一）新鲜有趣的事物

英语教师若能有效地引导孩子，利用学生强烈的好奇心理，将使课堂变得无限可能。

1. 英语课堂手语

英语课堂手语的目的在于使学生记忆单词、句子的意思，了解英语的基本语法知识，感受语言的真实存在。课堂手语因为借鉴了聋哑手语中形意结合的优点，所以在比划的过程中已经把英语意思记住了，可以说也是一种在快乐中学习的方法。学生通过学习课堂手语可以基本完成生活上的简单对话，这样的技能可以极大地提高学生的自豪感，如学生学会几句课堂手语后会在其他班没学过课堂手语的学生中炫耀。手语有助于快乐地学习表达，但缺点是要求学生学习一门新的技能难免会增加学生的学习任务；对任课教师也提出了学习手语技能的额外要求。

2. 魔术

英语课上，教师可以用魔术来吸引学生的眼球。作为一种障眼法，魔术是一种技能，它的存在需要知识作为基础。教师应当把魔术作为一种奖励，在课堂游戏结束之后获胜的那一组才能得到魔术的“真传”，而不能把教学生学魔术作为最终目的。有时学生看了教师的表演，会觉得不可思议，为了了解背后的真相，他们会特别认真地学习，教学效果就会特别好。

3. 外国文化

喜欢上一门语言往往是从喜欢上这门语言的背景文化开始的，所以我们可以先就英语文化着手，学生对于新鲜事物是很感兴趣的，对于前所未闻的国外生活习惯就更加感兴趣了。讲到英语文化最典型的当属美国和英国，这就要求教师本身对于英美文化必须有所了解。

学生对好的新鲜事物是很有热情和想象力的。了解西方文化不仅可以提高学生兴趣避免文化冲突，还可以学习国外好的文化习惯。如在做错事情之后，西方的孩子是一定要被要求说 sorry 的，可是在中国就不一定了。在西方，thanks 或者 thank you 也是需要孩子常挂在嘴边的。这些都是中国孩子需要学习的地方。

（二）游戏

由于网络的迅速普及，学生原本对知识的好奇和渴望已经逐渐转移，网络游戏也吸引了很多学生的目光。每一个孩子都喜欢玩游戏。事实上，游戏本身就是一种学习，是孩子获取经验、发展智能的妙方，也是自发性、创造力、好奇心、想象力、探索、冒险精神及人际关系的一种启蒙形式象征。游戏是学生智力发展的动力，它能激发学生的求知欲与创造力，并且可使学生掌握一些知识技能，形成对待事物的正确态度，促进学生全面发展。

英语的教学，要强化学生对英语基本知识（单词、句型、短语）的识记，正确并熟练地记住其对应的音、形、意；要将英语单词作为学生玩游戏时的工具，让学生知道这个工具的重要性，养成学以致用的好习惯，这样可以无限地提高学生对英语的兴趣。

英语课堂游戏的设计目的就是教育，应该有明确的教学目的，所以在游戏的设计过程中需要考虑到以下方面：设计游戏要具有针对性，把各类游戏的作用充分运用起来，帮助学生学习英语基本知识；慢慢地将游戏贴近生活，让学生明白英语仅仅只是一门语言，而语言需要经常用才能避免枯燥与无味，学习起来才会更加努力，更加自主，并起到事半功倍的效果；游戏尽量设计得简单有趣，这样可以兼顾各个阶层的学生。

英语课堂常用的游戏大致分为四种类型：发散型，指没有具体的需要解决的问题，教师设置一个话题供学生发挥；引导型，即老师引导学生识记；运用型，指学生能在游戏中运用已经学会的单词、句型或者单词短语；引导运用型是将二者结合起来，可以检验学生的识记能力和结果。下面主要研究引导型和运用型。

1. 引导型游戏

（1）开火车游戏。通过玩这个游戏，同学之间的默契得到了改善，同学之间相互勉励，相互学习，体现了很强的集体荣誉感和团结精神。游戏规则：分组传单词，从第一个开始说单词，一直传下去直到最后一个同学。每组得出英语总用时。最后哪一组用时最少可以获得1分。这个游戏可拓展为传句子，效果很不错。

（2）一口气游戏。这个游戏既锻炼了肺活量，又帮助学生反复读单词，更增加了竞争性和乐趣。游戏规则：每组派一名同学，看哪一组的同学能在一口气的情况下同一个单词读的次数最多。次数最多的那组可以获得1分。

（3）听声辨位游戏。这是模仿雷达辨位而发明的。游戏规则：老师给出一个要学的单词，找一名同学来扮演盲人找东西，其他同学有强有弱、有快有慢地读该单词，当“盲人”离要找的东西越近，其他同学读此单词的声音和速度应该越强烈和急促，反之亦然。为营造比赛的竞争氛围可以分组进行，在规定时间内完成者获胜，或者找到正确位置耗时最少的小组获胜。获胜一方可以获得1分。

（4）模仿游戏。游戏规则：老师先读一遍句子，然后让学生以组为单位一个一个站起来模仿，读对的加1分，错的或者不准确、不清楚的不加分。每个同学都能参与，同时因为学生集体荣誉感都比较强，所以原本不会的同学就会主动去问已经会了的同学。大家很认真地记忆句子的读法，就连平时胆子很小的学生都敢于开口。为集体争得分数会使他们感到无比的自豪，从而增加学习英语的乐趣和信心。

2. 运用型游戏

（1）抢读游戏。游戏规则：老师在黑板上写几个需要记住的单词，学生们熟读之后游戏开始。老师用教棍在一个单词上点几次，会读的同学要站起来读几次，次数和读音都对的为有效人数，人数最多的组可加1分，积分超过5分的为胜者。

（2）兔子蹲游戏。游戏规则：每组选一名学生分别代表不同的单词，由任意一名同学开始念“AA down AA down then BB down”，接下来就是BB同学念“BB down BB down then DD down”，以此类推，出错或者反应慢者将被淘汰。剩下的两名同学进行难度更大的对抗。两人分别代表不同的几个单词，一方念的如果不是对方代表的单词对方应该说 pass，然后继续由之前的一方念。在此过程中出错或者反应慢的失败。获胜一方加 1 分。

（3）猜价格游戏。游戏规则：猜价格游戏要求教师画出或者拿出一个物件，让学生猜价钱，或者拿出多个东西让学生猜个数，过程中学生举手猜数字教师只能用 more/less 回答，最后猜到具体数字的那一组获胜。获胜一方加 1 分。

（4）对口型游戏。游戏规则：教师说单词时只有口型但不出声，让学生分组抢答，猜对单词的可以获得 1 分。

（5）拼单词游戏。游戏规则：每组指定由不同的学生代表不同的字母。老师说一个单词，在开始之后的 10 秒内，学生立刻按照各自代表的字母组合，按照正确顺序拼成单词。正确组合的那组获胜，胜方可得 1 分。这个游戏的目的是让同学们在充分理解单词构造的前提下，身在其中地组成单词，举一反三。

（6）练习听力的游戏。游戏规则：老师连续三遍读多个单词，给出时间让同学记忆，然后再念一遍，这一遍老师故意遗漏某几个单词并要求同学找回，找到最多的小组获胜，可加 1 分。

（三）活动

活动就是一个平台，是一种重要的教育形式，有规律、有目的的“动”或称为活动（以下特指教育活动）。活动中既有助于学生提高学习兴趣，又有助于学生增强动手能力；既可以增长自己的知识、技能，解决存在的困惑，又可以运用所学的知识技能以提高自身修养。

学生很喜欢集体活动，有条件的学校并且在学生素质允许的前提下，应鼓励教师通过多组织活动来提起学生对英语的学习兴趣。各种教育活动中，学生获取知识或技能的方式各有不同。灵活运用各种活动形式，可以极大地帮助教师增强其课堂的生动性，也可帮助学生锻炼各方面能力，摄取各方面有用的知识，并学会各种技能，还可从中提高思想道德、情操的意境。教育不能止步于课堂之中，要知道教育源于生活，知识也得还原到生活中去。带学生走出教室走出校门去感受生活和大自然，把生活和大自然搬进课堂才是最好的教育方式。在生活中能学到的东西要远远多于书本上可以学到的知识，教师不仅要引导学生从中获得相应的知识，还应该鼓励学生把书本上学到的东西运用到生活中去，让学生明白生活才是学习的最终目的地。

1. 宣传类活动

宣传类活动是指通过宣传的形式让学生获取相应知识或技能的活动，可分为被动宣传和主动宣传。

（1）被动宣传是指学生作为宣传的客体被动地接受某种知识或技能的活动方式，如交通宣传报告会、平时课堂上教师的演示或知识讲解、防溺水知识讲座、防震知识讲座、防骗知识专家讲座等。

（2）主动宣传是指以学生为主体向学生以外的客体进行宣传，在宣传过程中，能起到学生对宣传知识的了解和巩固的作用，并要求学生以身作则的示范式教育方法，如上街宣传卫生知识、交通志愿者、小小环卫天使、发传单等。

2. 收集类活动

这类活动是指学生通过亲自感知或收集获得需要的资料信息的活动。收集资料是一项很重要的实践活动形式。收集资料除了可以获得崭新生动的知识信息之外，还能在收集的过程中让学生养成敏感的信息意识，形成收集、整理、利用信息的能力。收集类活动主要有看视频、参观、郊游等。

例如，相对于文字，视频更直观且容易记忆，因此，一般来说，学生对图像的喜爱远甚于文字。教师完全可以利用这一点多放一些意义深刻的教育片给学生看，有条件的老师可以自己找一些教学动画短片给学生观看，同时要求学生写观后感总结心得，以达到教育的真正目的。

3. 成果展示交流类活动

成果展示交流类活动是指在一个平等公开的环境下，学生参与、展示各自对于同一个主题的各种看法或研究成果，在展示过程中互相学习、互相进步。成果展示和交流类活动可以有实验成功展示、会议、小论坛等形式，如展示介绍作品（模型、小制作、小发明、设计图）、办摄影展、放录像、开讨论会、演讲、调查报告的展示、手工艺展示、画展等。

4. 制作、体验类活动

制作、体验类活动指学生通过亲手做、亲自了解、亲自感受、亲自思考的形式完成某个具体任务或达到某个具体目的的过程。学生可以在这个过程中接受教育，增加知识，提高能力，增强技能。这类活动主要包括课堂游戏、操作各自学科的实验、科技小发明、手抄报、黑板报等，大致可以分为以下六个步骤，即准备工作、收集资料、整理材料、动手参与、分析结果、总结经验。

（四）攀比

很多家长都会被孩子的攀比心弄得措手不及，对孩子的种种不是特别苛刻的要求经常是有求必应，遇到理性大于感性的家长结果往往是引来孩子的一顿啼哭。攀比心理不是缺点，而是一种近乎中性的心理特征，孩子只是还不能很好地将其隐藏起来。它有时可以是人类的潜在精神动力，帮助人类完成各项复杂艰难的任务，有时却可能成为过失的始作俑者。

学生有攀比心理，从某种角度来说，教师应该觉得高兴，起码可以看出学生本身是一个有上进心、不甘落后的人。攀比心理可以涉及自尊心、虚荣、自卑和嫉妒等心理活动，分为负性攀比心理、正性攀比心理。负性攀比是指那些消极的、伴随有情绪性心理障碍的比较，会使个体陷入思维的死角，产生巨大的精神压力和极端的自我肯定或者否定。负性攀比最大的问题在于缺乏对自己和周围环境的理性分析，只是一味地沉溺于攀比中无法自拔，对人对己都很不利。正性攀比是指正面的、积极的比较，是在理性意识驱使下的正当竞争，往往能够引发个体积极的竞争欲望，产生克服困难的动力。

教师在课堂游戏的设计过程中可以充分利用学生的攀比心理，如此可以让学生在游戏过程中更好地学到游戏中目标任务因子所包括的知识或技能等。教师也应当正确引导学生形成正性攀比心理，方法为：其一，转移注意力。让自己与自己比较和自己与别人比较保持平衡，让孩子知道学术有先后，术业有专攻。条件有好坏，人心有优劣。凡事不要过于计较得失，当失败或郁郁不得志的时候应该学会自我调节。方法是和自己比不要和别人比，通过心理暗示对自己鼓气加油，学会欣赏自己很重要，因为每一个人都是独一无二的。其二，帮助学生形成正确的价值观，要学生明白精神和物质并重缺一不可。其三，适时鼓励和批评。鼓励是动力，批评是规范，对于个人而言两个都是不可或缺的。孩子值得肯定或者需要肯定，老师就不要吝啬表扬和鼓励。需要或者应该批评，老师就要毫不犹豫地批评。以孩子能够达到不骄不躁不卑不亢为鼓励或批评标准。其四，帮助学生客观理性地了解自己的优点和缺点。人无完人，失败是再正常不过的事情，要能在成功中获得满足感，也能从失败中走出来。让学生明白失败不是终点，而是另一个起点。

（五）较少的作业

通过写作业，学生能够自行学习和思考，巩固学过的知识。作业对于义务教育阶段的学生而言很有必要，原因是这一阶段的学生自制力相对较差，有的学生没写作业甚至是因为一时想不起来，还有的是明知故犯。英语教师不断改进教学方法，通过课堂游戏的运用，提高教学效率，尽量减轻学生负担，让学生在游戏中学习和检测英语知识和技能，在确保学生完成少量的硬性规定的作业以外布置一些能提高学生自主学习兴趣的软性作业。

（六）被表扬或奖励

学生喜欢被表扬或奖励，其源头都归咎于自尊心。有的学生喜欢被表扬和奖励，是因为虚荣心的作怪，希望通过表扬或奖励满足自己的虚荣心；有的学生喜欢被表扬或奖励，是希望自己能够得到别人的肯定，希望通过表扬或奖励获得认可从而增强自信心。

在一定程度上，自尊心可以帮助学生形成健全的人格和心理，也可以成为走向成功的一种行为动力。较少的自尊心会严重影响健全的人格和心理的形成，将成为走向成功的一个重大绊脚石。自卑的学生因现实的自身能力有限与期望的目标相距甚远，容易走极端。自尊心太弱容易缺失自信，导致原本的能力无法发挥，从而错失很多机会。自尊心太强的人容易自负或自卑，太好面子。自负的学生因自身能力较强容易骄傲自大过高估计自己，导致思考不严谨或准备不充分，对于以后的学习和生活容易产生消极影响。

教师应当引导学生养成合理的人格尊严，形成正确的世界观、价值观。在正确的自我评判意识形成之前，自尊心的得失，一个重要途径就是被认可，获得称赞或表扬和批评或惩罚。所以教师需要适时的表扬或奖励，也需要适时的批评和惩罚。

（七）近乎完美的教师

学生喜欢漂亮的、帅气的、幽默的、和蔼的、多才多艺的和关心他们的英语老师。

1. 谈吐

一个幽默诙谐的老师，会赢得学生的心，因为他可以给学生带来欢乐。比如在教学生询问名字的时候，教师会叫张三起来，问道："What's your name？"张三回答："My name is Zhang San." 教师故意说："Nice to meet you，Li Si." 此时其他同学都笑了，可是张三自己就急了，会马上解释道："No！My name is Zhang San！"于是教师马上说："Sorry. Nice to meet you，Zhang San." 这样既可以给学生营造一个轻松的学习气氛，给学生留下深刻印象，更可以锻炼学生的应变能力。

2. 多才多艺

真正意义上"偶像型"的老师，所要具备的除了所任科目上的杰出之外，多才多艺更是必不可少。这样的偶像型老师更能起到教育意义，学生也更容易从老师身上学到更多的东西，从而受益终身。教师多才多艺可以为自己的人格魅力加分，学生对于多才多艺的老师倍加尊崇。一名除了善于本职科目以外，还能歌善舞、善手工制作、主持演讲、打球很厉害等的老师，注定要比一个普普通通只会所任科目的老师更容易获得学生喜爱。原因很简单，在学生心目中都有一个模仿的对象，此对象中最典型的也是"最具杀伤力"的就是偶像。孩子对于偶像的追崇那是动力无穷的，甚至有时候一个偶像可以改变学生的行为习惯，更可以改变学生的价值观。

学生会模仿、崇拜他们喜爱的教师。在这种情况下，学生不再对教师布置的作业感到无所谓，反而会很认真地去完成，因为他们希望引起教师的注意，成绩也自然会慢慢提高。这样一来教学过程会变得更加容易，教学效果也会非常好。

3. 亲切感

老师的每一个微笑都可以带给学生温暖，学生也为此信任老师，进而喜欢上这位老师。一个和蔼的老师更加容易了解自己的学生喜欢什么、不喜欢什么。学生也敢于告诉你他们所知道的一切。而很多传统意义上严肃的教师就不具备这一优势，即使同学们都怕他，都听他的，那只是在老师的“威严”之下不得已而为之，完全不敢掺杂太多个人的想法。真正的好老师更应该武装自己的内在修为，用自己深厚的“内力”去感化学生从而起到令人深感敬畏的作用，而不应该曲解传统意义上的严师出高徒的观念。严师应该体现在对学生学习上的要求严格、不能马虎，而不是体现在生活中和话语中。

4. 关心学生

对学生的关心是最需要时间去感知的。它是作为一个教师最重要的必备素质，不关心学生的老师不是一个合格的老师。学生会记住你每一次关心他的话语，尤其是在他们特别需要关心的时候，甚至会记住一辈子。当学生因种种原因爱上英语教师时，对英语的学习就可以变得更加容易。一个聪明的老师，应该需要具备能让学生爱上自己所教学科的能力，倘若不能，那么就失去了一个非常好的教学手段——以情动之，以理服人。

在日常教学过程中需要注意的是，关心学生不等于骄纵学生，不等于什么都由着学生。对于学生学习、生活习惯和道德行为上的管教不得马虎，一定要严肃对待。同时，要努力成为学生的良师益友。这需要教师有一定的从教修为，能够在严与松之间收放自如，这不是一天两天能形成的。首先，教师要充实自己的内在，无论业务水平、道德修养还是日常行为都要严于律己；其次，要对学生的学习和日常行为品德严格要求，这是原则，没得商量。

5. 仪表

美好的仪表更容易让人成功。学生都是感性的，他们评判一个事物从来都是由外到内的顺序，也就是说教师的仪表很重要。爱美之心人皆有之，长得帅气或漂亮的老师肯定更容易受到学生的欢迎。适合自己，端庄大方得体也可以算得上是漂亮。孩子们虽不懂得什么是真正的美，但他们能区分起码的干净与邋遢。

第二节　巧妙设计——多样化的游戏设计

游戏源于生活而高于生活，类似于小说和电影，需在一定的规则下进行，但凡有游戏在，规矩就会如影随形，规则就像是游戏的骨架，无论哪种游戏都必须有一定的规则，所谓无规矩不成方圆，倘若游戏失去规则，就失去了游戏本身的趣味性，这是游戏存在的前提。

游戏是一种特殊的活动形式，它是任何一种活动的“催化剂”，可使该活动以游戏的形式在短时间内活跃起来。

游戏任务是游戏最重要的一部分，它是游戏存在的根本，是游戏的实体，游戏作为活动的“催化剂”，可使该活动以游戏的形式在短时间内活跃起来。活跃过程中人们为了获得更多的有利于自己的资源而不断地自我学习和更新，从而不断提高自己的能力并且获得喜悦和知识、技能等。

游戏机制结构是游戏存在的形式，这种机制是可以变化的，如赛车游戏，可以是时间挑战赛，要求赛车手驾驶赛车在规定时间内完成一定圈数，完成任务视为挑战成功。同样是赛车，也可以是个人直接竞争型比赛，通过一起出发，在拐弯处超出和抑制对手来获胜。还可以是独立团队直接竞争型游戏，要求每队由规定数目赛车组成，通过团队协作运用战术获得最好的排名，根据排名获得积分，积分最高的团队获胜。还可以变成间接竞争型游戏，如 F1 方程赛车比赛中的排位赛，要求选手驾驶自己的赛车跑完规定圈数用时最少的获胜，获胜者可以在正式比赛中排在第一个出发。

游戏都具有一定目的，有的玩家对游戏结局的好奇和向往，是令其继续下去的动力；有的是为学习游戏中的某种技能；有的是为了在游戏中与人交流。可见不同的玩家追求的游戏目的是不同的，游戏需要考虑不同玩家的心理需要，作为玩家继续玩下去的动力，因此，游戏的目的是游戏成功的一个重要因素。

一、游戏的作用

在游戏过程中玩家可能会因为掌握了某种喜欢的技能或学会了某种中意的知识而释放安多酚，使得其大脑产生愉快的感受，从而爱上这个游戏。

游戏可以是最好的老师，因为在游戏中玩家可以模拟很多不同的场景，在这些场景里面参与者通过知识、技能或能力等任务因子的运用，在规则范围内利用人类趋利避害的天性，为了某种游戏目的而努力。在游戏过程中既可以学会某种知识或技能，又可以让参与者感受社会，感知生存的规律。

作为一种大脑“精神药物”的活动，游戏更容易被人类所接受。以下娱乐活动都是很好的情感和知识媒介，而游戏在这方面则表现得更加活跃，甚至可以提供这些媒介所不能提供的东西：电影可以通过图像的形式更加直观地向观众表达情感及知识；文学可以通过文字传递感情来振奋人心，并传递知识解人之惑；音乐可以通过旋律传递情感使人感到愉悦。

二、游戏与比赛的关系

游戏与比赛的本质完全一致。比赛的特点是正式、受关注度相对较高、推广度较好、目的不尽相同。普通游戏其实只是比赛的一个缩小版，特点是：其一，游戏目的一般以娱乐为主，仅仅是某个游戏项目在民间的愉快运用。从心理角度来说，因为没有太多负担所以游戏更加适合闲时的玩乐，老少皆宜。其二，关注度相对较低。普通游戏往往发生在生活中的某几个人之间。其三，非正式。游戏的参与者往往抱以娱乐的心态进行游戏比拼，如生活中的打麻将、打扑克等。

三、游戏的趣味性

因为游戏有趣味性，才被称为游戏。趣味性关注的是如何设计才能使得游戏更有趣，更有挑战性和吸引力，可以通过机制结构的设计和竞争因素的选择来实现。直接或间接影响游戏趣味性的因素有如下几个。

（一）道具的趣味性

游戏中，道具本身的特性会有很大的趣味性，如跳跳床、纸飞机、橡皮泥、氢气球等。此外，道具的变化，能大大提高游戏参与者参与游戏的积极性。以射击游戏为例。此游戏要求参与者在一定距离以外设置一个靶心，要求只能射击10枪，看能射中几次靶心。射中5次以上视为挑战成功，成功者有一个小奖品。

此游戏将靶心这个道具改成 10 个气球，那么游戏的趣味性将会大大增加。因为小朋友喜欢通过自己的行为产生影响，由于自己的射击将气球击破，会比貌似丝毫没有反应的靶子要更有成就感。所以游戏可以设计为：参与者在一定距离以外射击 10 个气球，要求只能射击 10 枪，看能射破几个。射破 5 个以上的视为挑战成功，成功者有一个小奖品。

（二）分化结果的趣味性

分化结果的作用在于增加了游戏的趣味性，相比没有胜负或者奖惩的游戏而言，有分化结果的竞争机制从心理学角度来说，满足了学生在竞争中的荣辱感和竞争欲望，同时作为一种刺激学生的方法大大增加了其存在的价值。

（三）挑战成功奖励的趣味性

针对挑战型游戏，游戏主体对自己某种能力、知识或技能的自我挑战，因为没有竞争，所以没有一个横向的比较，但是作为对自己能力、技能或知识的挑战，为促进达到某种期望的程度，给予一定奖励，能很好地提高游戏参与者的积极性以及激发他们的兴趣。

（四）竞争因子的趣味性

竞争因子的趣味性来自人们所拥有的竞争能力范围之内遇到难以实现的困难，正因如此，加大难度往往会让人一如既往地追求更高的目标，从而增强了游戏的趣味性。

（五）游戏任务的趣味性

教师在设计游戏的时候，可以增加趣味性的环节，如任务剧情、任务形式的多样化都可以使得游戏的趣味性增强。任务的不同，很大程度上会影响游戏的趣味性，因为个人喜好的差异，单一的游戏任务难以迎合大部分人的喜好，要想尽量得到大众的喜欢，不妨试试增加一些游戏任务环节。如蛙跳游戏，单人间接竞争型，蛙跳一百米。先到者获胜，游戏变为到达终点后悬一个绳子系上一个棒棒糖，模拟害虫，蛙跳上去先咬到棒棒糖者获胜。这样一来，游戏不仅没有偏离游戏目的即锻炼腿部力量，更增加了游戏乐趣。

（六）游戏规则的趣味性

游戏规则存在于游戏机制结构、取胜标准、分化结果、奖励、游戏道具、游戏目标等众多游戏结构之中，所以它具备一种很强的可变性。正是因为这种可变性使之极具趣味性。游戏规则是保障游戏任务顺利完成的准则。游戏规则的设计必须本着公平公正的原则，它既可以赋予游戏任务存在的意义又可以决定任务因子的类型，也可以决定游戏的存在形式如个人或团队，挑战或竞争，还可以影响游戏进程和参与者对于挑战型游戏的态度。

需要注意的是，如果规则失效，那么该游戏将分不出胜负，从而失去游戏本身的趣味性。规则的可变性可以影响游戏进程和参与者对竞争型游戏的态度。在别人领先的情况下临时变动规则确实存在不公平的嫌疑，应该尽量选择与所增加分值相对应难度的游戏任务，这样可以使得游戏能尽量保持公平。虽是“胡编乱用”，但是对于不是很正规的普通游戏而言运用此方法还是可取的，特别是运用在课堂游戏过程中，通过这个方法可以极大地调动学生学习的积极性。

（七）取胜标准的趣味性

取胜标准可以直接掌控游戏的难度，如射击比赛中，一般情况是以点数获胜，其中靶心的点数最高，如果把取胜标准换成是以射中靶心的次数最多者获胜。这样一来难度就增大多了，游戏变得更有悬念。

（八）机制结构的趣味性

挑战型游戏的趣味性来源于挑战者本身对于游戏中任务因子的各种极限的挑战；而竞争型游戏的趣味性则来源于参与者横向的任务因子的挑战。其他下属竞争机制可以由不同的游戏机制组成，所以可变性较大。这些游戏机制中各有各自的游戏机制结构，如竞争型游戏就有个人竞争和团队竞争，挑战型游戏也有个人挑战和团队挑战；由挑战型游戏转化为竞争型游戏，可称为横向转化。

（九）挑战因子的趣味性

挑战因子是对游戏主体纵向的一种自我挑战，自我挑战是一种本能，通过不断挑战实现不断的自我超越才能完成物种的不断进化。所以挑战因子的趣味性可以来源于挑战难度的不断提高，此外挑战因子的趣味性还来自挑战形式，也就是任务形式。随着挑战难度的不断提高，任务形式也会变得相对复杂，如任务剧情、任务形式的多样化都可以使得游戏的趣味性增强。

四、游戏的命名

一个游戏的命名应该能够体现重要游戏机制的因素。所以命名应该有一个固定的要求——形式 + 结构 + 目的，即先表明游戏的参与形式，然后就是机制结构，最后是游戏目的（在课堂游戏中，游戏目的分为引导、运用、发散 3 个类型；在生活中，以娱乐为目的的游戏称为娱乐游戏，有利益交换的游戏称为有偿游戏，当游戏目的不明确时不需要写）。

五、游戏任务

游戏任务是游戏活动任务的简称，是指被游戏形式（游戏机制）所催化激活的特定活动。游戏任务涉及游戏的本质，如果将整个游戏机制看成是宏观的划分，那么游戏任务就可以算是微观的操作。游戏任务要求游戏主体的行为指向统一共同的目标，只有拥有了统一的行为活动，这样的游戏才有意义。统一目标是指参赛主体利用各自资源，想要达到的同一个目标。目标可以有多种，有的是为了生存，有的是为了完成生产生活中的某项任务，有的是为了争夺有限资源等。对现实生活中类似的有统一目标的统一因子进行模拟，就是获得游戏任务的关键。首先要了解这些有统一目标的统一因子是什么。这些统一因子称为任务因子，所谓任务因子是指主体完成某种任务所需要具备的特定知识、技能、能力、运气、道具、思想道德情感等因子之和。

（一）游戏任务制作的准则

游戏的制作都要求在知识理论允许的范围内操作执行，否则达不到应有的效果或者完全不符合实际情况，从而导致游戏制作的失败。

1. 选材

选材需要明确目标技能、能力或知识等，即目标任务因子。通过目标因子，我们可以有的放矢地寻找适当的任务因子形式。在此被模拟的任务因子形式中需要有类似于目标因子的任务因子，如知识、技能或能力。引导型游戏一般是能力和知识相结合，运用型游戏往往是知识和技能的运用，当然能力时刻都在运用但它在这里不是主角。如一节英语复习课上设计一个游戏可以选用的素材是领导下基层检查日常教学情况。因为二者都是检查，而且任务主体都是两个，所以都属于顺势生存任务型因子。任务主体之间也同样存在着不合格要被问责扣分的特性。所以这个选材完全可以进行模拟。

2. 模拟游戏任务

通过大量实践操作之后，同一个游戏就具备了一定的技能，对个人而言，技能是一种记忆方式且难以忘记，而游戏任务本身是由游戏因子构成，在引导型游戏任务设计中，添加进去的目标任务因子将在学生熟练完成游戏的过程中慢慢形成该游戏活动技能中的一部分而被很自然地记忆下来。由此可见，游戏任务的设计，特别是引导型游戏的设计，在课堂游戏中至关重要。游戏任务的模拟是游戏制作最重要的环节，对现实生活中含有类似因子的任务因子进行模拟是获得游戏任务的关键。模拟原则有两个：神仿，意为对任务因子的模拟；形仿，意为对任务因子以外的所有模拟，如道具模拟等。

3. 游戏规则、机制设计方案初试

具备统一行为和行为准则的游戏，才能真正符合游戏的本质要求。通过统一因子的模拟在统一目标的驱使下，游戏者的行为得以统一。此外还需要有统一的行为准则，即游戏规则。对游戏而言，随着社会文明的不断进步，人与人之间和平相处，加以一定的游戏规则目的是：一是能尽量做到公平公正；二是可以使得游戏更加精彩；三是将一些难以预知和控制的局面得以控制；四是更好地体现游戏的中心思想，顺利达到游戏设计目的。

4. 改进

一个新游戏的发明，除了充分的理论证明，更需要实践检验，因为环境的不确定性和很多未知因素的影响，仅仅靠理论的推断是不足以令一个尚未成熟的游戏得以很好地发挥，在实践检验过程中，需要多次试验，在试验过程中需要记录下需要完善的或不足的地方再加以整改，直至趋于完善为止。

5. 推广和练习

制造者需要在一段时间内推广此游戏，直到有部分人熟练掌握并记下游戏玩法。

（二）游戏任务因子的模拟

下面主要研究一般任务型因子的模拟、逆势生存任务型因子的模拟、顺势生存任务型因子的模拟。

1. 一般任务型因子的模拟

例如，可以把多个字母放在黑板上，让学生去自己组合成单词，看谁组合的单词既准确又多。模拟准则：一是模拟任务中的主体的任务因子也需要和原型任务中主体的任务因子有类似的特性。二是如果主体完成任务的对象是道具，那么需要模拟的道具具备和原型道具类似的属性和特性。三是一般任务型游戏任务主体只有一方。

2. 逆势生存任务型因子的模拟

人类的智慧赋予人类极强的自我保护意识，对于绝大部分形式的可能造成伤害的进攻都会作为相应的应激反应，从而形成自我保护，俗称防守。而逆势生存任务型因子是针对低等动物之间的比拼或挑战，或者人类参与的尽量无须智商的简单能力的比拼或挑战。几乎视为不存在防守，所以逆势生存任务型任务因子的特点是只攻无守。模拟准则：一是模拟的游戏任务主体双方，任务因子存在的共同特性，与原型的任务主体双方任务因子存在的共同特性要类似；二是游戏任务主体必须是双方；三是形成的游戏机制都是直接竞争型游戏；四是主体双方存在的关系是互攻无守。

3. 顺势生存任务型因子的模拟

顺势生存任务型因子的模拟准则：一是模拟的游戏任务和原型任务彼此各自相对应的主动和被动主体之间，任务因子都需要存在类似的特性或属性。二是生存主体必须是双方。三是模拟的游戏任务和原型的任务中，各自的任务主体双方呈现的关系特征需要有类似性。四是双方能够形成一攻一守，一个主动一个被动的关系。方法：找关系、找特性即找相似关系，找类似特性。

模拟的顺势生存任务型因子一旦作为挑战因子或竞争因子运用在游戏任务中，那么该任务因子就可以构成挑战型游戏或竞争型游戏。

（1）模拟的顺势生存任务型因子在挑战型游戏中作为挑战因子，可以存在下面多种情况：主动生存因子作为挑战因子，被动生存因子作为挑战因子，双方都将主动生存因子和被动生存因子作为挑战因子。

（2）一旦模拟的顺势生存任务型因子在竞争型游戏中作为竞争因子，也会出现3种情况：其一，顺势任务型因子中主动生存因子和被动生存因子同时作为竞争因子，竞争机制中需要角色互换进行两次比赛，把两次标记型结果进行比对才能作为取胜标准。这样的模拟顺势生存因子的游戏，模拟的顺势生存因子需要满足的条件是，参赛主体（参赛主体和游戏主体一样都指游戏参与者）之间各自的生存因子即任务因子的实力需相对平等对称。游戏主体需要是双方，一攻一守。其二，游戏中的主动因子可以替换作为唯一的竞争因子，如追逐者的主动任务因子，抓人能力作为唯一的竞争因子时，相对应的其他逃跑者就成了道具。这样追逐者就需要轮流来，在规定时间内，追逐者抓住逃跑者最多的为胜者。其三，顺势生存任务型因子中主动生存因子和被动生存因子，只有一个作为唯一的竞争因子，另一个势必成为道具，被动生存因子作为竞争因子。

（三）游戏任务因子的分类

游戏中任务因子的构成形式分为如下两种。

1. 一般任务型

一般任务型是指人类或动物为完成某项任务，需要具备的知识、技能或能力的总称。在人类和动物生产生活中为达到特定目标而完成的特定任务所需要的知识、能力或技能。通过统一行为达到任务标准，这样的统一因子称之为一般任务型因子。如蜜蜂采蜜、果农摘果子、农民种庄稼、牧民驯马等。其特点是任务主体只有一方。

2. 生存任务型

生存任务型是指在自然界中人类或动物为了生存，或你追我逃，或相互竞争所具备的一定知识、技能或能力。

（1）自然界中的逆势生存型。自然界中存在另外一种生存竞争形式，例如同种动物之间的竞争，呈现的竞争特征是只攻不守。纯的进攻能力和进攻手段来实现。逆势生存型因子存在的特点是，游戏任务主体双方具备的竞争因子既可以作为进攻也可以作为防守。逆势生存任务型因子的特点是：①生存主体是双方；②主体双方在游戏过程中只有进攻和主动，没有单独的防守；③必须满足直接竞争的关系。

（2）自然界中的顺势生存型。顺势生存型任务因子中一定具有两个以上的生存主体，在大自然中任何一种动物都有其生存之道，生存是动物共同的目标，生存之道都建立在一个个优质的生存能力或技能之上。就像猫和老鼠这对常见的天敌，老鼠会打洞，而猫也会缩骨钻洞，还有可以丈量洞穴的胡子。类似的还有很多，如蛇与青蛙、青蛙与害虫、老鹰与麻雀等，这类的任务因子属于顺势生存型。这样的食物链似的生存竞争都有两个共同点，首先有两个生存主体：一个只攻一个只守，一个主动一个被动，彼此都不一样，其次彼此都可以由多种不同的个体构成，如一群雄狮猎杀一头野牛。

（四）游戏道具

在游戏中，道具相当重要。道具的作用主要有如下几个：第一，道具可以赋予参与者无法具备的能力或技能；第二，道具可以让游戏更加贴近生活；第三，道具可以增加游戏的趣味性；第四，道具可以有助于游戏制作的顺利完成；第五，道具的使用可以帮助游戏机制间的顺利转化。

道具的模拟需要跟模拟对象的某种特性保持一致性或相似性，可以是人模拟物，或物模拟物，也可以是物模拟人，主要是通过对事物外在特征或内在特性进行模拟，比如纸飞机、木马、斗牛、跳跳床等。当锻炼同一种技能或能力时，因为使用道具的不同，游戏形式就可能完全不同，因为道具模拟的对象各有不同，而对象的不同就直接导致道具内在特征的不同，从而使得游戏的形式存在差异。

六、游戏机制结构及其分类

下面主要研究团队游戏结构、竞争型机制和挑战型机制。

（一）团队游戏结构

根据团队任务结果的构成形式的不同可以将团队游戏分为独立团队游戏、结构团队游戏、团队重属型游戏。

1. 独立团队游戏

这种团队型游戏需要成员各自为阵参与，完成各自需要完成的任务，再把每个完成挑战任务的标记型结果加起来从而得到一个团队的结果参与竞争。对参与团队中的团队成员的平均素质要求比较高，只有通过较高的平均水平才能取得独立团队游戏的胜利，这样利用参与者的集体荣誉感无形之间对于每个成员起到了很好的督促作用，从而达到促进学习和练习的目的。

2. 结构团队游戏

这种团队型游戏需要每个成员参与且一起协作完成同一个或几个任务，且只拥有一个分化结果。团队成员之间的关系好似一个严谨的有机结构，各司其职地组合在一起，通过各自的职能服务来完成应该完成的任务。特点有：彼此不独立需相互协作完成游戏任务；任何一个环节出现错误就会直接导致团队游戏的成败；虽是完成同一个任务但是扮演的角色不同，起到的作用也不尽相同。

3. 团队重属型游戏

游戏参与者是团队，不同的团队选派等量不同的选手参与，而参与者之重属竞争间是直接竞争产生分化结果。

（二）竞争型机制

挑战型游戏与竞争型游戏之间可以相互转化，二者相辅相成，目的都是提高玩家的特定能力或技能。竞争型游戏竞争的对象是具备类似于自己能力和技能的他人。竞争型游戏，竞争是不同主体之间的横向比较，游戏乐趣性来自竞争，所以参与形式至少是两个玩家，或者两个团队，通过竞争获得有形或无形的有限资源。

（1）组成。竞争型游戏由竞争机制结构、竞争因子、参与形式、取胜标准、分化结果、游戏目的、游戏任务、游戏道具组成。

（2）竞争机制的分类。一个竞争机制就是为了同样一个目标，在特定的背景之下，某些特定知识、能力或技能的比拼。课堂游戏是让学生们在老师制定的游戏规则下进行，能力强的，通过竞争完成任务，获得奖励；能力弱的完不成任务，就“什么都没有”，甚至挨罚。这里的任务是通过知识、能力或技能的有机结合完成规则所规定的任务从而达到某种游戏目的。这里游戏的目的在于提高学生的能力，从而让学生完成知识的积累，或者熟练掌握某种技能等。根据不同的竞争形式分为间接竞争型和直接竞争型。

间接竞争型是指在游戏机制中对手之间没有直接的针锋相对的比拼，对手之间没有相互限制彼此能力或技能的发挥，而是在游戏机制的限制下，各自完成各自任务的结果情况通过一定数据比对来实现竞争。间接竞争型又分为个人间接竞争型和团队间接竞争型。直接竞争型是指对手直接针锋相对地进行竞争。

（三）挑战型机制

挑战是玩家自我的一种能力锻炼和测试，通过所学知识能力或技能的挑战获得挑战性乐趣。玩家通过运用自己的某种或多种能力、技能甚至运气等条件，努力完成某项规定任务，此任务趋近于玩家自身现有素质的极限，我们称之为挑战型游戏。挑战是玩家自我的一种能力锻炼和测试，通过所学知识能力或技能的挑战获得挑战性乐趣。常见挑战型游戏如关卡型、测试题型、表演型。此类游戏的游戏乐趣主要来自游戏本身的挑战性，所以其分化结果是不可见的，是内在的一种能力的变化，有一个迫切达到某种程度的目标，即为无限地接近这个目标而不断挑战。挑战型游戏机制主要由以下部分组成。

道具：道具属于形仿，主要是通过对事物外在特征或内在特性进行模拟，比如纸飞机、木马、斗牛、跳跳床等。游戏道具的作用：可以帮助游戏机制间的顺利转化（道具分类同竞争型游戏）；可以增加游戏的趣味性；可以赋予游戏玩家不具备的特定能力；可以让游戏更加贴近生活；可以有助于游戏的顺利进行。

惩罚：对于挑战失败者的物质或精神方面的惩罚，目的也是提高挑战的刺激程度，给予挑战者一定的心理压力（惩罚在挑战型游戏中的设置视情况而定）。

奖励：对于挑战成功者的物质或精神方面的奖励，目的在于鼓励其再接再厉，并对其当前挑战成功的运气、能力、技能或知识予以肯定。

挑战目标：通过知识、技能或能力等挑战因子的不断提高，使之达到某一个程度或实现某一个愿望。

挑战因子：挑战因子是指完成任务需要具备的运气、知识、能力或者技能、物质、思想道德情感等。

挑战机制结构：挑战机制结构有个人挑战型和团队挑战型。

游戏目的：对挑战者某种或某些特定挑战因子的挑战，或者通过游戏获得某种需要得到的东西。在课堂游戏中游戏目的分为引导、引导运用、运用、发散 4 个类型。在生活中大致有两种形式的目的：一种是以娱乐为目的，一种是以利益交换为目的。

游戏任务：游戏任务通过模拟生活和自然而来，基本形式有两种，即生存任务型和一般任务型。它是游戏存在的实体，即参与者需要完成的任务。游戏规则是保障游戏任务顺利完成的准则。

参与形式：在挑战机制之中规定的挑战人数，分为个人和团队。

（1）挑战型游戏机制的结构。挑战型游戏机制结构的划分，可通过游戏操作前提下最低参与形式来区别。

个人任务挑战型：最少参与形式所示的游戏主体为个人，要求运用一个或几个挑战因子来完成某一个规定任务。个人任务挑战型的特点在于最低参与形式是个人，可以让多个个人同时挑战，同时挑战的程度要求可以上升为团队完成任务的人数或者速度上从而转化为相应的独立团队挑战型。个人挑战型游戏，体现个人不断进取的精神，适合上进心较强，且具有坚定信心和毅力的个人。在课堂游戏挑战机制中，挑战因子的选用可以由易到难，形成一定的挑战性方能保持玩家的好奇心，从而满足玩家的娱乐心理。

团队任务挑战型：团队成员需要各自的挑战因子相互协作才能完成规定任务，被称为团队任务型挑战结构。团队型游戏体现了团队精神，需要拥有集体荣誉感的团队，旨在将团队的某些能力提升到一个满意的程度，通过队员的相互帮助和协调努力实现。在团队任务挑战型的游戏中，挑战因子的分布有一定的针对性，即需要识记或者应用的英语基本知识或技能最好是放在人数多的一边，如课堂游戏“听声辨位”，团队中一个成员出来扮演瞎子，其他成员读单词。如果换成了一个成员读其他同学传东西，看哪一组能准确传到某个同学手上，这样游戏的目的性就不明确了，脱离了教学目的，从而失去了英语课堂游戏的意义。

（2）挑战型游戏机制的特点。挑战型游戏重在逐渐提高挑战者的挑战因子，其游戏趣味性需符合玩家心理状态，不宜操之过急。如发现难度过大可适度调低难度，以满足游戏要求，达到游戏真正目的。挑战型游戏特点在于一个主体玩家通过自身技能的不断提高以追求更好更高的目标，可以是一个人进行，也可以是一个团队进行，没有竞争所以没有胜负，亦无分化结果，但可以有一个目标，即为了达到这个目标而不断进行挑战，从而增加自身的能力或技能。挑战因子虽没有胜负和分化结果，但可以对挑战成功的参与者进行一定奖励。

第三节　课堂掌控——课堂游戏设计与运用之技巧

课堂游戏的存在，其目的在于将目标知识、目标能力或目标技能作为目标竞争因子或目标挑战因子放在游戏中，让学生从游戏中获得该知识或技能，或通过运用该知识或技能得以巩固，同时提升学生的各方面能力。

随着义务教育阶段的教育改革，对于该阶段的学生各方面学科知识、能力和技能的教育越发地全面和重视。课堂游戏作为传授各学科知识、能力和技能的一种形式出现在课堂教学过程中，首先可以提高学生的兴趣，以一种学生最乐于接受的形式教学，是教育改革的重要方式；其次让教学目的更加鲜明和突出，课堂游戏其最终目的不再让学生只沉浸在玩乐当中，更重要的是通过玩乐的形式学到课堂教学目的知识、能力或技能；最后课堂游戏以模拟生活和大自然为主，在游戏过程中学生可以深刻地感受知识、能力或技能的重要性，充分合理地利用游戏这一教育形式，从而令学生不由自主地深思学习的重要性，最终养成自主学习的好习惯。

一、课堂游戏的分类

根据教学目标的不同，可以将课堂游戏分为 4 种类型：发散型游戏、引导型游戏、运用型游戏、引导运用型游戏。其中引导运用型属于引导型游戏；发散型属于运用型游戏，亦可称之为灵活运用型。

（一）发散型游戏

发散型游戏是通过灵活运用学生已经储备好的知识或技能围绕某个话题展开，只需达到一定程度或效果，一般针对复杂技能或知识的运用。发散型游戏除了灵活运用目的因子之外，目的因子范围不受限制，凡是符合要求即可。一般情况发散型游戏有两种发散形式：①总分型发散，形式有如语文写作文的总分式写作方法，先给出一个话题然后发散出去。②分总型发散，形式有如语文写作文的分总式写作方法，把类似的围绕中心的句子先一一罗列，再进行概括总结，得到一个共同话题。

两种发散型游戏都有一个共同特点，那就是围绕这个话题所产生的答案是多样的，没有固定答案。这一点上普通运用型游戏中所运用的目标因子是已经一一对应好了的答案，相比之下显得有点刻板，这就是为什么我们要把发散型游戏独立出来。

在英语课堂游戏中有一类运用型游戏：不针对特定单词或者句子音、形、意识记或运用，通过对符合要求的英语基本知识或技能的运用以达到某种程度或要求，我们称之为英语发散型游戏。发散型游戏以运用为目的，没有标准的答案，只有一个话题，凡是符合话题条件的任务因子都可以运用，故适用于复习课，给学生一个发挥想象力的空间，考察的是学生平时知识的积累，学生可以在规定范围内尽情发挥。如单词接龙，单词问答，句子翻译，写作文等，其中可以是挑战型机制，也可以是竞争型机制，因为没有标准答案所以在竞争机制游戏中，英语发散型游戏的取胜标准往往是以知识储备更多者和灵活运用者获胜。发散型游戏有个共同特点是目的因子不受限制符合要求即可，围绕题目话题展开所运用的知识或技能，都有一个相似点。

（二）引导型游戏

引导型游戏是知识或技能的储备和形成过程，可以分为两种。第一种，技能引导型。如打乒乓球。在课堂教学中，乒乓球技能的传授需要先让学生熟悉球拍和球的平衡感，于是一般采取的方法是让学生原地颠球，即手持球拍上下有规律地运动使得乒乓球随之上下弹跳，然后增加难度再让学生面对墙壁，手持球拍利用球拍击打乒乓球，使得乒乓球来回弹跳于球拍和墙壁之间并不让乒乓球掉在地上，最后就是上桌做对抗练习。这么一步步的引导，其实就是将乒乓球技能分成了几个小的技能部分，通过分部分的练习，学生事实上已经初步具备掌握乒乓球技能的基本能力，这样一来乒乓球技能便可以水到渠成地习得。此过程中的各个局部练习均可设计成技能引导型的游戏，如颠球比赛、颠球接力等。不同于纯知识性的游戏，技能引导型游戏除了需要记忆能力外还需要大量实践活动，才能达到游戏目的，从而获得目的技能。第二种，知识引导型，如将乘法运算规律编成乘法口诀要求学生背下。对于此类知识方面的引导游戏多以识记为主，针对记忆的东西无非就是读、写、听、说、练，那么游戏就得在这几个能力上下功夫。

在英语课堂游戏中引导型游戏的原理在于，基于基本能力“听”“说”“观”“写”“练”“记”的基础之上，操练英语学习中“听”“说”“读”“写”等技能，从而达到对英文单词、句子音形意的识记。同时亦可以反过来提升学生的基本能力。英语引导型游戏要求在相对平等的条件下，学生参与，教师利用学生听、说、观、写、练中的任意一个或几个基本能力或者再叠加一个或几个其他能力来反复操练需要掌握的英语基本知识的音形意，从而形成英语的基本技能（游戏过程中基本知识作为目标任务因子被反复操练，引导帮助学生对特定字母、音标、单词或句子的音形意等英语基本知识的识记）。

（三）运用型游戏

运用型游戏是将特定的已经储备好的知识或技能加以充分运用来解决问题，可以分为知识运用型和技能运用型。第一种知识运用型，如数学课中教师教授了学生三角形的概念，随后要求学生根据整合各概念找出以下图形中三角形的数目来，如图 6-1 所示。

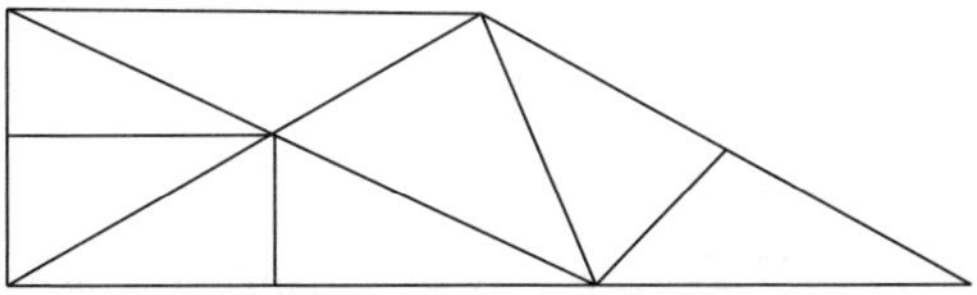

图 6-1　三角形的概念

第二种技能运用型，如拉二胡比赛，要求随机给一张曲谱立马将其演奏出来，没有出错则算完成任务，用时最少的获胜。再如投篮比赛，一分钟罚球线投进篮筐数目最多者胜。

在基本能力的参与和操练之下，学生已经初步具备英语基本听、书、读、写、练的技能，所以在英语运用型游戏中把听、说、观、写、练这些基本能力再次还原成英语基本技能听、说、读、写。听是指能听清楚明白，说是指会表达，读是指能看懂，写是指会写单词句子且别人能读懂意思，练是指能用肢体语言、表情，或者绘画表达所需要表达的意思以及翻译。

英语运用型游戏定义为：在相对平等的条件下，学生参与的，通过运用游戏过程中需要掌握的单词或者句子的已经叠加在学生大脑里的音、形、意中的任意一种或几种，作为目标任务因子来解决游戏中需要解决的具体问题，或做出正确反应，这一系列游戏机制的总和为运用型游戏。其实质作用在于对英语听、说、读、写等基本技能进行检测和运用，同时也是对英语基本知识音、形、意的检测和运用。“学生参与的，通过运用游戏过程中需要掌握的单词或者句子的已经叠加在学生大脑里的音、形、意中的任意一种或几种”被称为游戏设计者的目的。“游戏中需要解决的具体问题”是运用型游戏设计的核心。学生掌握单词或句子的音、形、意的能力和运用能力上的差异，是游戏任务中任务因子设计的突破点。

在设计运用型游戏时，可以借鉴数学的应用题型，把所需掌握的知识技能作为任务因子设计成为填空题、选择题、问答题等形式的游戏任务，同时也起到了检验学生知识掌握情况和巩固所学知识的作用。因为运用的方式方法可以借用到其他各方面的知识、能力和技能参与，所以运用型游戏很丰富。根据对目标任务因子的运用形式的不同，可以粗略地将运用型游戏分为简单运用型、复杂运用型和复合运用型 3 种。

（四）引导运用型游戏

引导运用型是知识或技能储备和理解的同时加以适当的运用。事实上引导运用型游戏属于引导型游戏，只是引导方式稍有不同。引导运用型游戏可以分为知识引导运用型和技能引导运用型。

第一种，知识引导运用型。如语文课上老师给出名词的定义：人、事物、地点或抽象的名称。要求学生根据定义迅速找出属于名词的词，规定时间内找得又准确又多的获胜。第二种，技能引导运用型。如体育课教师教授学生踢足球，要求学生将球踢到制定的门槛里，连踢三球进一球以上的算挑战成功。美术课老师教学生画直线，要求每组学生每人画一段直线首尾相接看哪一组画得最直。

在英语课堂游戏中，一些目标任务因子在被引导识记的同时还被运用来解决问题，我们统称这一类的引导型游戏为引导运用型游戏。

二、课堂游戏中的目标因子构成

知识虽大，但是都源于生活、大自然、整个时间和空间，所以课堂绝对不能脱离生活，而是需要将生活搬进课堂或者把课堂放在生活里。只有这样学生才能更好更快地学习更多的知识和技能。

课堂游戏中的目标因子有三种：知识、技能和能力。三者之间有必然的联系，所以在课堂游戏中无论是哪一个科目或者哪一种游戏都会运用到特定的知识、特定知识对应的特定技能以及对应的特定能力。

如果把科学发明比作技能的话，那么知识就是原动力，能力就是必要条件，科学发明既可以增强原动力又可以提高能力，三者是互存互助的关系，人类也因此一直在这个三元进化中不断完善和进步。三者的关系可以如图 6-2 所示：人类的能力犹如树；知识犹如无限的水源；技能犹如果实种子。

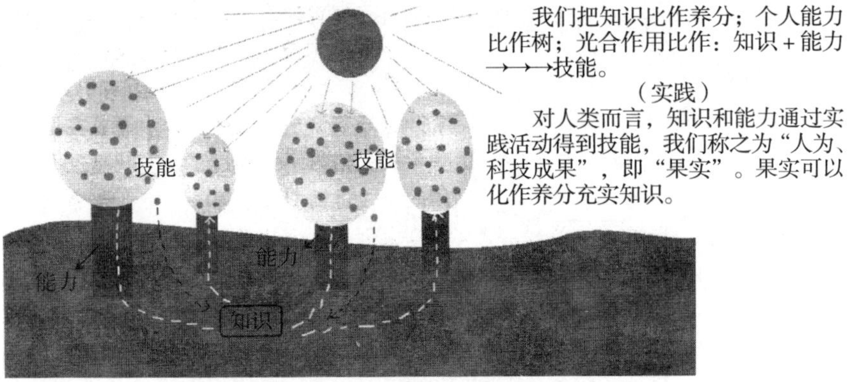

图 6-2 知识、能力与技能的关系

对于个人而言，知识、能力与技能的关系则是将知识作为前提和向导，能力作为必备条件，只有这样才能完成有价值和意义的技能形成。技能的不断纯熟可以提高能力的培养，还可以促进知识的不断进化。三者的关系如图 6–3、图 6–4 所示。

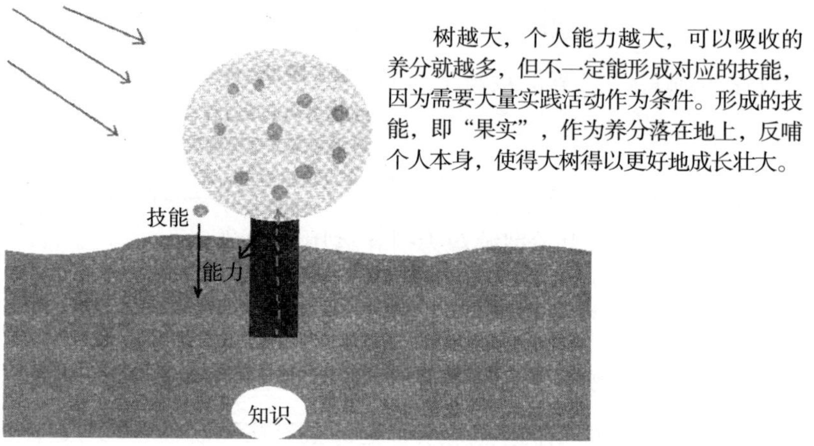

图 6–3　知识、能力与技能的关系

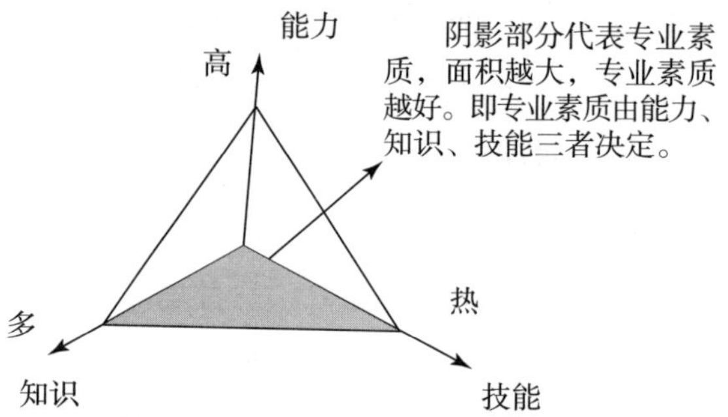

图 6–4　知识、能力与技能的关系

理解英语基本能力组合、基本知识和基本技能组合之间的关系，可参见图 6–5、图 6–6 所示。

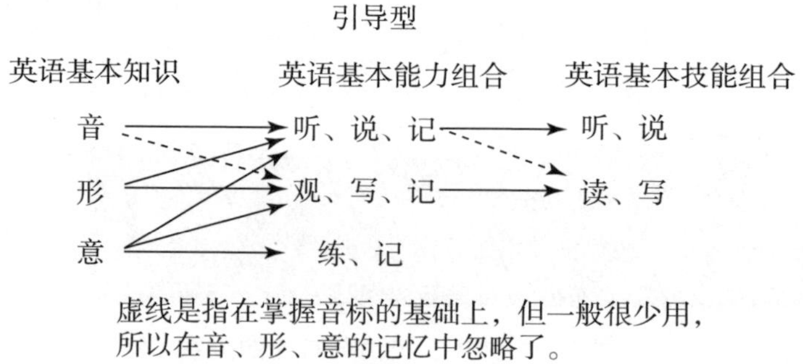

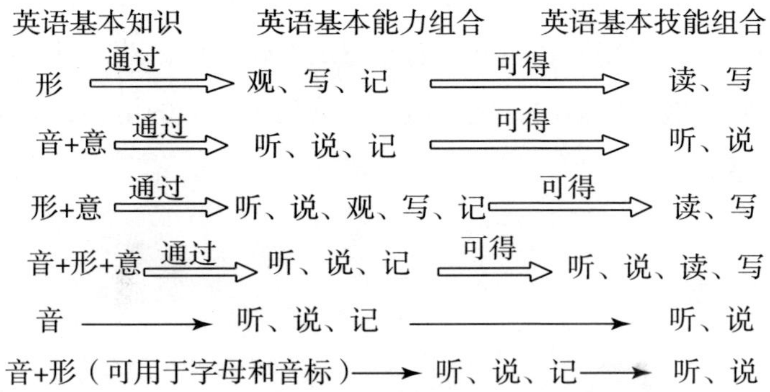

图 6–5　引导型关系

运用型

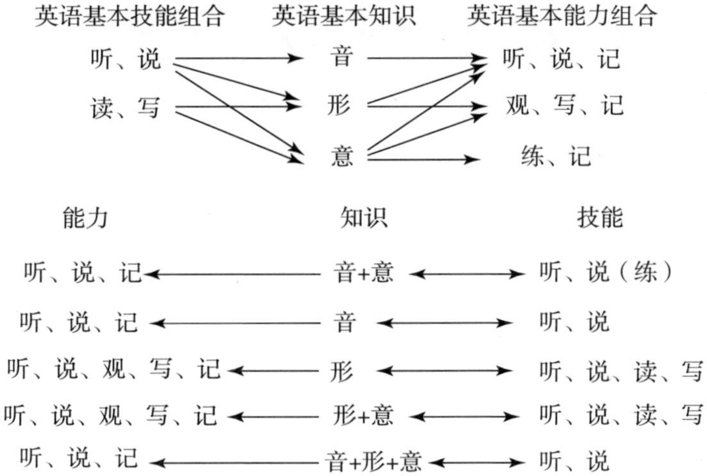

图 6–6　运用型关系

三、课堂游戏的应用

课堂游戏可以作为教学活动的“佐料”起到调节学生胃口的作用。也可以作为教学活动的“主食”，带着任务的针对教学目标玩游戏。关键是就教育教学资源和学生素质的具体情况而定，不管怎样，同一个游戏需要多玩几次，这样才能起到巩固目的任务因子的作用。要不然学生会陷入为了玩而玩的误区，这样就失去了课堂游戏的意义。

游戏制造者在创作游戏时有针对性地选择游戏种类的同时还得考虑学生是否适合。低年级内容简单应尽量选择简单运用型操练；高年级的内容较多则可以采用复杂运用型或者复合运用型创造合适的游戏。复习课中更适合发散运用型游戏。同时可以根据游戏机制的转变原则，最大限度地运用游戏任务资源，达到一游多用的作用，更善于创造发明好的有意思的有价值的游戏。凡事熟能生巧，熟悉概念之后教师如能经常运用，定会做到游戏信手拈来的境界，无疑会让课堂变得丰富多彩、魅力大增。

第七章
互联网环境下英语教学的新变化

互联网技术与英语教学融合是互联网技术教育应用发展的新历史阶段，也是教育教学领域的一场深刻革命。许多学校一线教师都非常强调在教学过程中运用互联网技术，有利于提高教学质量和效率，转变教学观念和方式，培养学生信息素养。

第一节　互联网技术对英语教学的影响概述

从国内外教育信息化发展现状和趋势来看，将互联网技术应用于英语教学，促进互联网技术在教育、教学方面的全面应用，进而培养新世纪我国所需的创新型人才，已成为世界各国教育信息化发展的重点和热点。

一、给英语教学带来了多元化的改变

一方面，就课程教学本身而言，互联网技术的融入能够改变英语教学结构，改变传统的教师单向灌输教学的模式。该过程可以充分运用互联网技术当中的优势对课堂教学中的重点与难点进行分析讲解，提高学生学习的自主性与高效性。

同时，在教学过程中要认识到互联网技术的服务地位，根据学科特点、学生的特点以及教学内容的需要，建立合适的互联网技术及教学模式。要避免本末倒置，如果为了运用互联网技术而设计教学内容，这样不仅没有发挥互联网技术与真正作用，反而降低了效率，完全背离了互联网技术应用的初衷。

另一方面，就互联网技术教育而言，互联网技术与英语教学的融合对互联网技术教育本身也是大有裨益的。自 20 世纪末期开始，我国在基础教育阶段实施互联网技术教育，培养学生运用互联网技术获取、分析、加工、处理、运用知识的能力，成为我国基础教育信息技术课程的教学目标。但是，由于观念和习惯等诸多方面因素的影响，信息技术课程只能占用学生极少的时间，信息技术课程教师通常运用课上时间完成知识点的串讲以及对学生的练习。由于时

间有限以及信息技术学科的特点，学生往往对学习内容的理解和体会还不够深刻，应用能力不足。

此外，运用互联网技术呈现教学内容的方式与传统教学模式有较大的差异。互联网技术与英语教学融合使教学方式更加生动化。传统教学模式多数是教师通过语言讲授或以板书形式呈现教学内容的，学习者一般被动地接受知识，久而久之会产生疲倦乏味的官感，导致对学习内容丧失兴趣，降低了学习效率。在互联网技术的辅助下，教学内容的呈现形式向多样化发展，课堂教学不再是教师单一地使用语言文字来教学，图片、动画等多媒体手段的介入，使得学生的积极性被极大地调动，将被动的学习状态变为主动的知识探究，激发了学习兴趣，进而提升了学习效率。

二、有利于实现英语教育、教学的根本目的

互联网技术应用于英语教学属于一种教育改革行为，在教学过程中，互联网技术的运用在促进教师教学、学生学习和教育发展过程中起到了关键的作用。互联网技术应用于英语教学不仅有利于实现教学的目的，而且为教育改革带来了积极的影响。互联网技术为我国不同阶段的课程设计提供了更多元化的方法，同时也扩大了课程设计的范围。互联网技术所具有的强大功能，让我们的教学形式呈现了多样化的特点。

三、改善教师教学水平

互联网技术可以让教师获得更多的教学资源，实现高效率和高质量的教学。把课堂的有限时间延长到课堂外，让学生和老师拥有更多的交流时间，同时有利于教师与学生之间更深入的沟通。通过互联网技术的充分利用，让更多的教师避免重复劳动，从大量的备课和授课任务中解放出来，花更多的精力投入到科研活动中。

四、有利于提高学生的信息素养

所谓信息素养是指人们能够敏锐察觉信息需求，并能进行相应的信息检索、评价和有效利用所需信息的能力。提高互联网技术的应用能力可以培养学生的信

息素养，使学生具有一定的信息意识和信息能力。

五、有利于培养学生的创新能力

学生创新能力的培养需要理想的教学环境的支持，互联网技术应用于英语教学过程之中正好可以为培养良好的创新能力营造理想环境。在这样的环境中，互联网技术作为学生的创造工具，表现出其强大的优势。

第二节　一个平台——MOOC 网络平台

一、MOOC 的概念

2012 年，MOOC（Massive Open Online Course，大规模在线开放课程）井喷式涌现，被媒体称为“MOOC 之年”。MOOC 是一种新形态的学习模式，可提供公平、开放、自主的学习机会，成就每一位学生，逐步实现全民教育。

MOOC 以学习者、社交网络和移动学习为核心，由一群愿意分享与深化自我知识的学习者组成，通过各种 Web 2.0 与移动学习工具进行特定主题的学习。

2013 年，Coursera 推出了 5 门中文课程，如表 7–1 所示。

表 7–1　港台地区 MOOC 的发展

课程名称	大学名称	主讲人
概率	台湾大学	叶丙成教授
中国古代历史与人物——秦始皇	台湾大学	吕世浩教授
昆曲之美	香港中文大学	Prof. Wei Hua Prof. Hsien–yung Kenneth Pai
结构方程模型及应用	香港中文大学	Prof. Kit Tai Hau
中国人文经典：大师导读	香港中文大学	Prof. ouFan Leo Lee Prof. Wei Tsui

2013 年 5 月 21 日，清华大学与北京大学正式加盟 edX，成为 edX 的首批亚洲高校成员。

2013 年 9 月，北京大学第一批北大网络开放课程上线，并计划 5 年内建设 100 门网络开放课程。

二、MOOC 的运行模式和英语课程组织形式

每门 MOOC 课程都有一个中心平台，由课程协调人员负责管理和维护。该平台发布的课程信息主要包括课程概要、内容资源、每周话题、活动通知、组织教师介绍等，学习者可以自由选择论坛、微博、社交网站等个性化学习工具进行学习。

（一）MOOC 的运行模式

MOOC 的运行模式如图 7–1 所示。

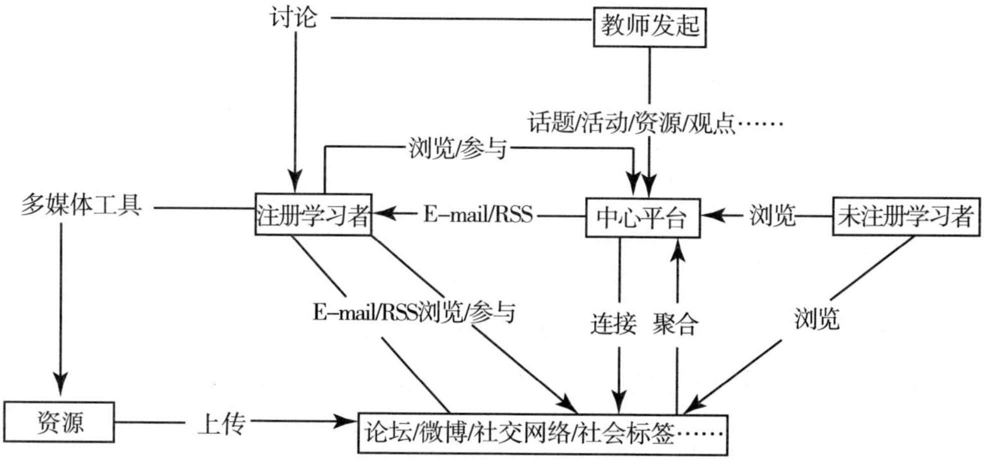

图 7–1　MOOC 的运行模式

（二）MOOC 的课程组织形式

2012 年迅速发展起来的 Coursera、Udacity、edX 等，进一步推动了 MOOC 的发展，推动了全球开放教育运动的新发展，被认为是 2012 年教育领域的重要事件之一，标志着人类文明传承和知识学习方式将发生革命性的变化。

1.cMOOC 模式

cMOOC 是建立在关联主义（一种学习理论，强调了社会和文化语境的作用）的理论基础之上，即知识是网络化连接的。cMOOC 英语课程模式如图 7–2 所示。

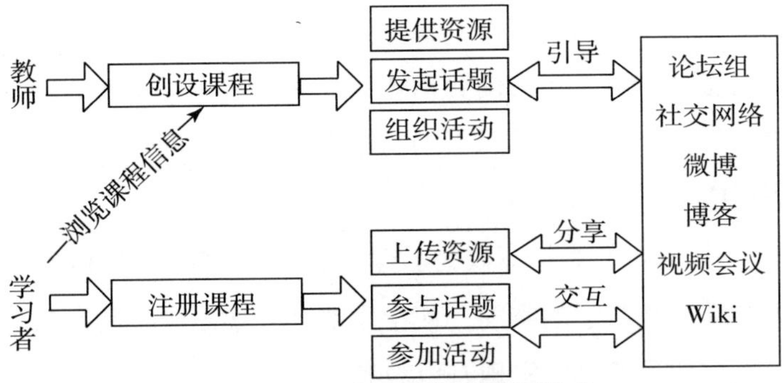

图 7-2　cMOOC 英语课程模式

2.xMOOC 模式

xMOOC 是在传统高等教育体制内对教学模式的延伸性突破，其结构化的课程体系和系统化的平台支持服务更容易被学习者所接受，并与以学位教育为主的主流正规高等教育课程接轨。

xMOOC 以 2012 年发展迅速的 Coursera、Udacity、edX 等为代表。xMOOC 的教学模式比较清晰，而且比较容易操作，因为它更接近于传统教学过程和理念。xMOOC 英语课程模式如图 7-3 所示。

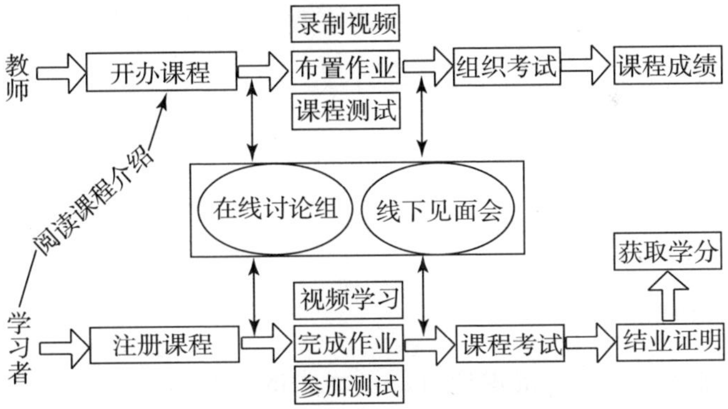

图 7-3　xMOOC 英语课程模式

第三节　一种工具——电子书包

英语教学中借助电子书包提供的丰富教学、学习资源和多样性的工具、学习平台，调动和激发学生的探究能力，拓展学生的思维，发挥学生学习的主动性，满足不同层次学生的学习要求，实现个性化学习。

电子书包是硬件制造商、软件开发商、内容提供商共同合作推进的一种数字化学习方案，它将书本电子化的内容植入到一套针对中小学设计的电子化教学辅助系统平台中，学生、教师均可以借助笔记本电脑、上网本、智能手机和平板电脑等终端完成相应工作。

在英语教学中，电子书包不仅为教学提供了丰富的资源和多样化的学习工具，更提供了全新的教与学的空间，使学生能够在学习中主动参与，积极体验、探究，照顾学生个性化差异，实现有效教和学。

一、电子书包优势

（一）电子教材

电子教材附有大量相关的学习资源。使用该教材，学生可以独立地预习，完成新词的学习甚至完成课文的学习。

（二）测试反馈

1. 客观题部分

即时的反馈，从而使学生可以“知错快改”；教师端会显示每个学生的答题情况，便于教师更合理及有针对性地进行教。

2. 主观题部分

保留学生的答题痕迹，方便学生更快地发现问题，及时改正，这是传统英语教学难以达到的。

（三）班级论坛

为学生的独立思考能力的形成开辟了无限的空间：在以云平台为依托的在线交流论坛平台上，学生可以畅所欲言，不同观点及见解会在辩论中碰撞出绚烂的火花，使学生真正能够独立思考问题，进而解决问题。

（四）对话录音

英语教学中的“说”是重要一环，学生要将录音上传至平台供其他人评价并选出“最佳对话”，同时每个对话都需要和其他学生合作方可完成，这样的设计可以促进学生合作意识的培养，同时互评可以最大限度地激励学生尽其所能上传本组最好的录音，进而提高自身的英语水平。

二、电子书包在英语教学中的实施模式

（一）利用电子教材和动画视频资源自主听，解决听力个性化问题

学生之所以开不了口，听不懂，很大程度上源于课堂集体教学的弊端，无法实现个性化学习。每个学生的学习起点不一，让所有的学生同时听一个知识内容，有些学生很快就能听明白，有些学生可能错过一个单词、一个句子，前面内容未明白，导致对后续内容失去兴趣。电子书包的电子教材支持每个学生自行调整听力节奏，学生能根据自己的实际情况，选择快速听、反复听等功能，自主控制听力播放进度，实现听力训练的个性化、针对性。利用电子教材训练听力，无论是用于学生课前的预习，还是课中的及时反馈以及课后的复习拓展，都能让学生轻松自如地调整节奏，切实提高听力水平。

电子教材不仅提供课文录音，还提供丰富的视频、动画等听说资源。教师可将挑选的听力资源（包括课文、词句和篇章）推送到学生客户端，给出听力训练时间、要求和指导，学生利用笔记本、台式机、手机等移动学习终端，可以自主听，自主选择听力材料，自主完成听力训练任务。

（二）自主录音和网络分享，进行口语交际训练

口语交际能力是英语教学中非常重要的模块，传统课堂下受班级限制，每次交际任务中只能有部分学生得到展示机会，不利于学生积极性的激发，也不利于教师全面掌握学生的学情，进行个别化指导。

利用电子书包，学生可以对自己或小组的口语交际（包括课文朗读、口语作业、小组交际）进行全程录音，并将录音上传至班级论坛，进行全班展示和分享。学生之间可以相互评价，教师可以对学生的口语练习进行个别化指导。

（三）当堂测试反馈，提升课堂教学的针对性

电子书包的测试反馈模块具有统计及时、全面，分析数据一目了然的优势。在课堂教学中（上课伊始或者新授环节之后），教师可以利用测试反馈为学生提供几道检测性的选择题，学生在线完成作业。

当学生提交测试之后：①学生能马上看到自己各道题的对错情况，每道题全

班的对错情况；②教师能够看到多少学生完成，每位学生的对错统计图，每道题的对错统计图。这样，教师随时掌握学生情况，为教师下阶段的教学提供了科学依据，讲解更加有针对性（如可以重点讲授错误率高的选项）。

（四）利用班级论坛进行写作训练，建立写作档案袋

阅读是写作的基础，有输入才能保证输出。在英语写作中需要有一定阅读量，教师可以利用平台的班级论坛为学生精挑细选阅读资源，有针对性地提高阅读量，使学生逐渐养成用英语思维的习惯，并产生英语语感，就会逐步减少犯“中国式英语”的错误的机会，提高写作水平。同时，学生还能通过班级论坛阅读其他学生的文章，这样不仅能了解自己的不足，又能吸取他人之精华，提高写作质量。

此外，在英语写作教学实际中，教师通过“班级学生分组”功能建立英语写作小组，利用“班级论坛”模块，围绕主题，通过任务驱动引导学生写作训练，每个学生可以看到其他所有学生的回复，并给其他学生的回复给予评价、点评其他学生的回复，通过探究交流形成自己的观点，最终共同提高写作能力。教师也可以即时看到所有学生的发言，对学生的发言进行点评、批注、修改等。教师对学生写作的个性化精简批注功能，可以用不同颜色和样式实现插入、删除、病句、好句、点评等个性化写作教学辅导功能，帮助学生针对性地提高写作水平。学生在网上可以坦率地表达自己的写作意图，向教师请教，和同学自由交流。

优质资源的引进，学生彼此间的相互探讨和教育，及时多元的评价方式，增强了作文教学的针对性，有利于学生作文水平的自我完善。当然，在学生提交作文时，如果教师对该题做一个深刻的阐述，教给学生评价该题的原则标准，可能更有利于多元化的评价方式科学有序地进行，更大程度的改善写作效果。写作训练中，要求为每位学生建立写作档案袋，即每文三篇：自己首次写作一篇、同伴批阅的作文一篇（至少获得两人的修改）、自己再次修改完的作文一篇。

（五）阅读训练，思维外化，提升阅读正确率

在课堂教学中为学生提供多元化的阅读语篇，同时提供批注、标签工具。学生在阅读训练过程中，不仅需要给出答案，还需要给出语篇的对应批注和标签，实现学生阅读思维的外化，以此培养学生的阅读习惯，提升阅读准确率。

建议做法：学生在 Word 中对不同题目在文中对应的依据用不同颜色进行标注，然后将 Word 通过论坛（此种方式能够全班分享）或者作业附件（此种方式只能教师看到）方式提交给教师。

（六）丰富的课外拓展资源，支持学生个性化学习

电子书包能提供海量、地道的课外拓展资源，并给出使用建议，师生根据需要自主选择，更加体现了学生自主学习能力的培养。如为配套教材教学提供了丰富的英文歌曲，教师可以在单元教学中反复呈现，提升学生的学习兴趣，并训练学生的听力。

参考文献

[1] 蔡基刚 . 中国大学英语教学路在何方 [M]. 上海：上海交通大学出版社，2012.

[2] 陈坚林 . 计算机网络与外语课程的整合 [M]. 上海：上海外语教育出版社，2010.

[3] 陈品 . 大学英语教学理论与实践 [M]. 天津：南开大学出版社，2013.

[4] 陈颖，张瑜珊 . 互联网 + 环境下英语教育的改革与创新思考——兼评《英语语言教学改革与创新：互联网 + 教育探讨》[J]. 中国高教研究，2016，（5）：111–112.

[5] 程东元 . 外语教学技术 [M]. 北京：国防工业出版社，2008.

[6] 崔刚，孔宪遂 . 英语教学十六讲 [M]. 北京：清华大学出版社，2009.

[7] 杜秀莲 . 大学英语教学改革新问题新策略 [M]. 济南：山东大学出版社，2011.

[8] 范革新 . 英语教学策略与方法 [M]. 北京：世界知识出版社，2005.

[9] 范谊等 . 面向 21 世纪外语教学：论进路与出路 [M]. 重庆：重庆出版社，1998.

[10] 冯莉 . 大学英语语法教学理论与实践 [M]. 长春：吉林出版集团有限责任公司，2009.

[11] 付克 . 中国外语教育史 [M]. 上海：上海外语教育出版社，1986.

[12] 高立波 . 经典教学案例与创新课堂设计 [M]. 北京：世界知识出版社，2006.

[13] 顾宝珠，吴献春，廉勇 . 高职院校旅游英语课程教学的探索与实践 [J]. 承德石油高等专科学校学报，2010（1）.

[14] 何克抗 . 教育技术学 [M]. 北京：北京师范大学出版社，2002.
[15] 何少庆 . 英语教学策略理论与实践运用 [M]. 杭州：浙江大学出版社，2010.
[16] 束定芳，庄智象 . 现代外语教学理论、实践与方法（修订版）[M]. 上海：上海外语教育出版社，2008.
[17] 教育部高等教育司 . 大学英语课程教学要求 [M]. 北京：外语教学与研究出版社，2007.
[18] 乐眉云 . 语言技能教学法 [M]. 北京：教育科学出版社，1995.
[19] 李荫华 . 研究规律，改进教学——大学英语教学研究 [M]. 上海：上海外语教育出版社，2002.
[20] 廉勇，王娟，宋海波 . 高职高专公共英语教学改革探索与实践 [J]. 石油教育，2016（4）
[21] 廉勇 . 对 SDL Trados 翻译记忆库英汉语料批量添加两种方法的引介与评析 [J]. 农村经济与科技，2016（20）.
[22] 廉勇 . 将互联网英汉对照文件用于 Trados 翻译记忆库高效填充的方法研究 [J]. 农村经济与科技，2016（22）.
[23] 林红 . “互联网 +”背景下高职院校课程资源建设的创新探索——以英语教育教学法课程为例 [J]. 新疆职业教育研究，2016（2）.
[24] 刘润清，戴曼纯 . 中国高校外语教学改革现状与发展策略研究 [M]. 北京：外语教学与研究出版社，2003.
[25] 鲁子问，康淑敏 . 英语教学设计 [M]. 上海：华东师范大学出版社，2008.
[26] 鲁子问 , 王笃勤 . 英语 (基础版) [M]. 北京：高等教育出版社，2008.
[27] 鲁子问 , 王笃勤 . 新编英语教学论 [M]. 上海：华东师范大学出版社，2006.
[28] 鲁子问 . 小学英语活动设计与教学 [M]. 北京：高等教育出版社，2008.
[29] 陆宏，孙月升 . 信息技术与课程整合的理念与实施 [M]. 北京：首都师范大学出版社，2007.
[30] 马颖峰 . 网络环境下的教与学 [M]. 北京：科学出版社，2005.

[31] 皮连生 . 教学设计 [M]，北京：高等教育出版社， 2000.

[32] 皮连生 . 英语学习与教学设计 [M]. 上海：上海教育出版社，2004.

[33] 祁琳，纪楠，邵海燕 . 网络技术发展背景下的英语教学革新——评《英语语言教学改革与创新——互联网 + 教育探讨》[J]. 教育理论与实践，2016（26）.

[34] 钱俊生，余谋昌 . 生态哲学 [M]. 北京：中共中央党校出版社，2004.

[35] 曲佳，廉勇 . 基于 Microsoft.NET Framework 2.0 技术图书馆期刊发布系统的研究与实现 [J]. 现代情报，2006（8）.

[36] 施良方，崔允廓 . 教学理论：课堂教学的原理、策略与研究 [M]. 上海：华东师范大学出版社，1999.

[37] 石中英 . 知识转型——教育改革 [M]. 北京：教育科学出版社， 2001.

[38] 史爱华，廉勇，胡智勇，等 . 英语和汉语语序异同对比 [J]. 承德石油高等专科学校学报，2014（6）.

[39] 束定芳 . 外语教学改革：问题与对策 [M]. 上海：上海外语教育出版社，2004.

[40] 宋海波，廉勇 . 浅析语言学习内控观对大学英语教学的影响 [J]. 石油教育，2015（5）.

[41] 粟千 . “互联网 +” 时代语境下高职英语的创新方向 [J]. 科教导刊（下旬），2016（7）.

[42]Bailey, K.M. Learning about Language Assessment: Dilemmas, Decisions and Directions[M]. Beijing: Foreign Language Teaching and Research Press, 2004.

[43]Goodwin, J.Teaching Pronunciation. In Teaching English as a Second or Foreign Language[M]. Beijing: Foreign Language Teaching and Research Press, 2006.

[44]Graves, K. Designing Language Courses: A Guide for Teachers[M].Beijing: Foreign Language Teaching and Research Press, 2005.

[45]Nation, I. S. P. Teaching and Learning Vocabulary[M]. Beijing：Foreign

Language Teaching and Research Press, 2004.

[46]Tsui, A. B. M. Understanding Expertise in Teaching: Case Studies Second Language Teachers[M].Cambridge: Cambridge University Press, 2003.